AF296360

LE
MARIAGE DES PRÊTRES,

O U

RÉCIT de ce qui s'est passé à trois Séances
des Assemblées générales du District de
Saint Etienne-du-Mont, où l'on a agité
la question du Mariage des Prêtres,

AVEC LA MOTION PRINCIPALE,

ET

*Les Opinions des honorables Membres qui ont
appuyé la Motion.*

Publié au profit des pauvres Ménages du District de
Saint Etienne-du-Mont.

1790.

EXTRAIT

DES Séances des Assemblées générales du District de Saint Etienne-du-Mont, du 27 Novembre, 4 & 11 Décembre,

RELATIVEMENT A LA MOTION

DU MARIAGE DES PRÊTRES.

LE 27 Novembre, M. de la Mothe, Volontaire de la Garde Nationale, lut une Motion très-bien motivée, dont les conclusions étoient que le District de Saint Etienne-du-Mont émit son vœu pour que les Eccléfiaftiques fiffent en perfonne le fervice de la Garde Nationale. M. de la Mothe exceptoit les Curés & les Vicaires.

M. l'Abbé de Cournand, Profeffeur de Littérature françoife, au Collège Royal, arriva pendant la lecture de la Motion. Perfuadé fans doute que la Cité ne pouvoit avoir de plus fûrs défenfeurs que ceux qui lui font attachés par tous les liens de la fociété, il propofa pour amendement, *qu'il fut permis aux Eccléfiaftiques de fe marier.*

En effet, fi l'on peut regarder comme impolitique d'avoir pour ainfi dire exigé le célibat des Militaires, pour en faire les défenfeurs de l'Etat, il feroit bien plus impolitique d'incorporer dans l'Armée Citoyenne des hommes auxquels des qualités de père & d'époux font interdites par une puiſſance ultramontaine.

Cette conſidération n'eſt point échappée à M. le Tellier, Capitaine de la Garde Nationale, & Notable-Adjoint du Diſtrict de Saint Etienne-du-Mont ; auſſi a-t-il fortement appuyé l'amendement propoſé. Selon lui, la Garde Nationale n'eſt point une armée deſtinée à l'attaque ; c'eſt une aſſociation formée pour maintenir l'ordre, la ſûreté, la tranquillité des foyers ; les vieillards, les femmes & les enfans peuvent ſeuls être diſpenſés du ſervice perſonnel de la garde de la Cité.

M. de Vauvilliers a combattu cette Motion & l'amendement par des moyens puiſés, ſelon lui, dans les Loix de l'Egliſe. Il s'eſt appuyé de l'autorité des Livres ſaints, interprêtés à ſa manière, & des Conciles, dont les moins anciens militoient en quelque ſorte pour lui. Mais le rapprochement qu'il a fait de l'état eccléſiaſtique à celui des Saints & des Anges, n'a fait que rendre plus ſenſible la différence de ce que ſont les Eccléſiaſtiques de nos jours avec ce qu'ils étoient dans les premiers ſiècles de l'Egliſe, où en leur permettant le mariage, on exigeoit d'eux moins de perfection, & on en obtenoit beaucoup plus.

M. Maindouze, Lieutenant de la Garde Nationale, a réfuté M. de Vauvilliers par des citations qui tendoient à prouver que les Apôtres & les Pères de l'Egliſe n'avoient pas vécu dans cette chaſteté angélique dont venoit de parler M. de Vauvilliers.

M. l'Abbé de Cournand a développé ſa Motion, & non content de poſer en fait que nulle loi de l'Egliſe, nul vœu ne s'oppoſoit à ce que les Prêtres

(5)

fe mariaffent ; il a démontré avec beaucoup d'éloquence que l'intérêt public., celui des bonnes mœurs , celui de la Religion s'uniffoient pour appuyer fa réclamation contre l'ufage où les Eccléfiaft ques étoient de ne fe point marier.

Quelqu'un ayant foutenu que la motion de M. de la Mothe , pour que les Eccléfiaftiques fiffent le fervice perfonnel de la Garde Nationale , étoit fans objet , puifque l'auteur de la Motion en difpenfoit les Curés & les Vicaires , a conclu que fur cette Motion , ainfi que fur l'amendement , il n'y avoit lieu à délibérer. L'abolition du célibat des Prêtres , a-t il ajouté , fera néceffairement agitée par l'Affemblée Nationale , puifque la demande en eft portée dans quelques Cahiers ; il faut donc attendre ce que l'Affemblée Nationale décidera.

Les Cahiers de la ville de Paris , ceux du Diftrict où cette Motion vient d'être faite , a t-on répondu , ne contiennent point cette demande , il eft vrai : mais les circonftances ont tellement changé depuis la confection de nos cahiers , qu'il ne peut nous être interdit d'y ajouter un article auffi important. La Motion doit être ajournée. On s'eft fait infcrire pour l'ajournement , au Vendredi fuivant.

Séance du 4 Décembre.

Le 4 Décembre , MM. le Tellier , Gueroult , MM. l'Abbé Champagne & Moynat ont eu la parole. L'Affemblée étoit fort nombreufe , fort tumultueufe; l'ordre du jour a été coupé par diverfes Motions ; c'eft avec beaucoup de peine que M. Jacquinot , Préfident du Diftrict , eft parvenu à remettre le calme. Enfin M. le Tellier a commencé par développer les motifs des deux questions précédentes.

Messieurs, s'est-il écrié, M. de Vauvilliers qui voit les Ministres des Autels comme il désiroit qu'ils fussent, nous a dit qu'ils devoient ressembler à des Anges ; en les voyant comme ils sont, vous trouverez pourtant qu'ils ne ressemblent que trop à des hommes ; pourrions-nous leur en faire un crime ? Ils sont hommes comme nous, chacun de nous porte en son cœur le sentiment de sa foiblesse ; & si nous ne sommes pas toujours assez forts pour triompher de nos penchans, lorsqu'ils nous portent à violer les loix de la raison, les loix même de la justice ; exigerions-nous que des hommes luttassent pendant 40 années contre la nature ? Non Messieurs, nous ne l'exigeons pas, & pourquoi l'exigerions-nous ? de quelle utilité enfin le célibat ecclésiastique est-il à la société ?

On vous a dit, Messieurs, qu'il falloit bien qu'il restât une classe d'hommes particuliérement voués au soulagement des malades, à la consolation des affligés, à la paisible fonction de médiateurs, de pacificateurs. J'invoque, pour combattre cet argument, un Auteur profane, un Poëte ; & j'en demande pardon à M. de Vauvilliers, qui a voulu nous faire entendre que l'Ecclésiastique, Auteur de la Motion, parfaitement versé dans la connoissance des Poëtes, ne l'étoit peut-être pas assez dans celle des Canons de l'Eglise, ou dans celle des Conciles. Je n'ai retenu des Poëtes que quelques vers de sentiment ; je cite celui-ci, où le sentiment s'accorde avec la raison :

Qui ne sait compâtir aux maux qu'il a soufferts ?

Oui, Messieurs, les vrais, les seuls consolateurs, les utiles médiateurs, les pacificateurs écoutés, sont les hommes qui puisent leurs consolations, leurs exhortations dans leur propre cœur, les hommes qui ont éprouvé les peines, souffert les maux qui nous affligent, qui ont senti les traits de la douleur qui nous perce, & supporté les fardeaux qui nous accablent : ils savent, ceux-là, pleurer avec nous.

Chacun a sa profession, nous a dit encore M. de Vauvilliers. Concevez-vous, Messieurs, ce que seroit une profession de consolateurs ? Nous savons qu'il est des professions où le cœur de l'homme s'endurcit, & cela vient de l'habitude de les exercer journellement ; mais il n'est point dans la nature de prendre l'habitude de s'attendrir. Les Comédiens se font le masque de leur rôle, & rient dans la coulisse de ceux mêmes qu'ils viennent de faire pleurer : mais c'est votre compassion qu'ils développent, & non la leur. Qui jamais a mandé un Comédien pour le consoler ?

Je n'insisterai point davantage sur cette réfutation, dans la crainte qu'elle ne conduisît quelqu'un à trouver quelque ressemblance entre une profession qui n'a peut-être pas de plus grand reproche à essuyer que celui d'être un mensonge continuel, & la profession de vérité qui rend les Ecclésiastiques si respectables.

Gardons-nous, Messieurs, de laisser perdre à la vérité le droit qu'elle a, le droit qu'elle ne peut cesser d'avoir que chez un Peuple dépravé, celui d'attirer nos hommages & nos respects ; & afin que la vérité ne soit point confondue avec le mensonge, & la piété avec l'hypocrisie ; pour que nous ne soyons plus exposés à prendre le masque pour le visage, distinguons, desirons, demandons que l'on distingue les vrais Pasteurs de l'Eglise de ces nuées de faux célibataires, qui n'ont que l'habit de leur état, & non les qualités & les vertus que cet état exige.

Mais, faut il les condamner à faire le vœu anti-social, anti patriotique du célibat, c'est-à-dire, de nullité, de stérilité absolue, semblables à ces friches honteuses, qui couvrant une terre ingrate, ou qui attestent l'ignorance & la paresse de ceux qui les possèdent ? Tout fleuriroit, tout fructifieroit autour d'eux, tout jouiroit & feroit jouir; eux seuls, tristes frélons, nourris d'un miel qu'ils n'auroient point composé, eux seuls...... mais j'interroge en vain la raison & la loi; je ne trouve aucun motif, aucun prétexte même qui puisse autoriser le célibat des Ecclésiastiques.

Leur vœu de chasteté, s'ils en font; si l'on est plus chaste dans le célibat que dans le mariage, si.... si....; leur vœu de chasteté, dis je, ne fait-il pas de tous des victimes ou des parjures ?

Fidèles à ce vœu, leur sacrifice est inutile; personne ne leur en sait gré sur la terre, & ils désobéissent à Dieu qui a dit à ses créatures : *croissez & multipliez.* Ils s'isolent contre la disposition expresse de cette autre parole sacrée : *il n'est pas bon que l'homme soit seul.* Infidèles à leur vœu, ils sont les causes du scandale & des désordres de la société.

Animés d'un véritable zèle pour la gloire de la religion, pour la réforme des mœurs, l'exemple qu'ils pourroient donner des vertus sociales & patriotiques, aussi bien que des vertus chretiennes, à l'usage du Peuple, ne seroit-il pas plus puissant que leurs exhortations verbales ? & s'ils devenoient les meilleurs Citoyens, les meilleurs époux, les meilleurs pères, la Religion n'auroit-elle pas des Apôtres plus perfuafifs, des fujets plus fidèles, & des profélytes plus nombreux, la Nation de meilleurs patriotes ?

Les Miniftres de l'Eglife devroient être des anges. Mais quand ils en auroient les qualités, ces anges font mortels, & plus ils excelleroient en vertus, plus la Patrie devroit defirer de voir fe perpétuer une race d'hommes iffus de leur fang, imbus de leurs leçons, formés fur leurs exemples. C'eft alors que les hommes de tout état & de tout rang s'emprefferoient de pourvoir à l'honorable fubfiftance des Miniftres des Autels, à celle de leur famille, à l'établiffement de leurs enfans, ou plutôt, comme il importe à la dignité du caractère des Apôtres de la morale, que leurs fervices foient gratuits, & que le pauvre auffi-bien que le riche jouiffe également des bénédictions céleftes, les adminiftrations de Département & de Municipalité mettroient au rang des engagemens facrés, des dettes inviolables, le tribut de la reconnoiffance publique pour les foins paftoraux des Miniftres des Autels.

Je n'aurois rien de plus à dire, fi je ne croyois entendre une voix qui murmure, & qui dit : nous convenons que l'état eccléfiaftique a befoin d'une réforme inftante & prochaine fur l'article du célibat ; mais il n'y a qu'un Concile... J'interromps cette voix, & je demande ce que c'eft qu'un Concile. C'eft une affemblée d'ariftocrates (1) ; car il faut

____

(1) Le Concile de Londres, en 1075, défendit par fon Ve Canon, à toutes perfonnes, à l'exception des Evêques & des Abbés, de parler dans les Conciles fans la permiffion du Préfident.

bien se garder de confondre l'esprit dominant d'un ordre avec les sentimens & les intérêts du plus grand nombre de ses membres ; rien n'est plus différent.

Par exemple, l'esprit dominant d'un Gouvernement aristocratique, est de concentrer l'autorité dans un petit nombre de mains. Les grands dignitaires de l'Eglise n'ont de commun avec ce qu'ils appellent le bas Clergé, que le vœu anti-social, anti-patriotique de chasteté.

Il n'y a *qu'un Concile !* eh quoi ! s'agit-il de réformer le dogme ? non ; mais la Discipline & l'Administration du Clergé ; & assurément, ces objets dépendent du Concile de la Nation, de l'Assemblée Nationale.

Je conclus donc, Messieurs, que vous nommiez quatre Commissaires, chargés de présenter au Comité des Rapports, le vœu du District pour l'abolition du célibat Ecclésiastique.

A ce discours, que les Abbés du District de Saint-Etienne-du-Mont n'ont point permis d'achever, a succédé la lecture que M. Guéroult, Professeur de Rhétorique au Collége des Grassins, a faite d'un Précis des autorités, à l'appui de la Motion de M. l'Abbé de Cournand. Celle de l'Abbé de Saint Pierre n'étoit pas faite pour être négligée ; mais le calcul d'accroissement de population, considération politique peu importante pour Messieurs les Abbés, même pour ceux dont le casuel est l'unique revenu ; ce calcul, dis-je, leur a servi de prétexte pour prolonger des ris perturbateurs ; M. Guéroult avoit puisé dans d'autres sources ; une voix s'est élevée ; *c'est l'Encyclopédie qu'on nous lit*, s'est-elle écriée.

Il nous a femblé entendre l'écho de l'Abbé Mauri ; M. Guéroult a repliqué que les faits ne pouvoient fe puifer que dans les livres ; & il a tellement accablé les Abbés, & les échos d'Abbés, de citations, de faits confignés dans les livres refpectables pour les Abbés mêmes, que la plus grande partie de l'Affemblée a manifefté fa fatisfaction, & impofé filence à la partie turbulente.

Il ne reftoit aux Abbés que la reffource de nier les faits & les citations ; ils ont demandé que le difcours de M. Guéroult fut dépofé fur le Bureau. Nous le donnerons à la fuite de ce récit, comme formant l'opinion de cet honorable Membre, afin que le public foit Juge entre le digne & eftimable Profeffeur des Graffins, & les petits Abbés qui, ne paroiffant prefque jamais au Diftrict, s'étoient attroupés ce jour-là, de tout le quartier latin.

M. l'Abbé Champagne, qui a parlé aprés M. Guéroult, n'a point refuté les faits, les autorités, les citations, les raifonnemens des préopinans ; il s'eft borné à dire que les queftions propofées à la décifion du Diftrict étoient trop fupérieures aux lumieres du plus grand nombre des Membres qui le compofoient, pour qu'elles puffent y être agitées : le Clergé, a-t-il dit, les publiciftes & les légiflateurs ont employé des fiècles à difcuter ces queftions profondes, le Concile de Trente y a confacré fix mois de fon tems. (Il n'a pas ajouté que les plus favans & les plus faints Prélats avoient été pour l'affirmative) & vous voudriez, Meffieurs, trancher légèrement un nœud fi difficile ? que fera donc, a-t-il ajouté, l'Affemblée Nationale ?

M. l'Abbé Champagne a conclu qu'il n'y avoit lieu à délibérer.

M. Moynat, qui s'étoit fait infcrire pour foutenir la Motion de M. l'Abbé de Cournand, & qui avoit appuyé fon fentiment d'un calcul d'accroffement de population, n'auroit pas trouvé les Abbés plus difpofés à faifir ce moyen, s'il n'avoit ajouté une confidération auffi importante qu'ingérieufe. L'Eglife, a t-il dit, s'eft de tout tems fait un devoir d'augmenter le nombre des Fideles. Ses Miffionnaires ont parcouru les deux mondes pour y planter la Croix, & pour conquérir des ames. Eh bien, l'abolition du célibat des Prêtres, en multipliant le nombre des fujets de l'Etat, multiplieroit auffi le nombre des Chrétiens. Ne croyez-vous pas, a-t-il ajouté, que les Eccléfiaftiques fiffent moins éclater leurs vertus dans le mariage que dans le célibat ? & ne pourroient ils pas fubftituer l'exercice de la patience que les contradictions de l'état du mariage exigent, à la ftérile vertu de s'abftenir du commerce des femmes ? Cette faillie à laquelle beaucoup de maris applaudirent, interrompit le difcours de M. Moynat. Il le reprit en refutant ce que M. l'Abbé Champagne avoit dit fur la difficulté de faifir auffi rapidement toutes les faces d'une queftion auffi compliquée. C'eft précifément, dit-il, parce que les publiciftes s'en font occupés pendant des fiecles, & les Conciles, des mois entiers, que toutes les faces de la queftion font connues, & que nous fommes plus en état de manifefter notre vœu.

M. Moynat auroit pû ajouter que les derniers fiecles, les tems poftérieurs aux Conciles, avoient confidérablement augmenté le poids des motifs qui, déjà dans les tems reculés, avoient tenu fi long tems fufpendue la balance des décifions du Clergé. Il auroit pû dire que fi les querelles Théologiques, fi l'intérêt de la Cour de Rome, fi celui des Prélats, fi des vues politiques, relatives à la confervation des biens temporels du Clergé, fi les confidérations du maintien des Ordres Monaftiques, & des Congrégations Séculieres, fi l'ignorance des peuples, fi la crainte de la propagation des erreurs de Luther & de Calvin, fi la fuperftition, le fanatifme, le janfénifme, le molinifme, le judaïfme & le jéfuitifme enfin avoient pû alors faire héfiter fur une pareille queftion, rien de tout cela ne fembloit devoir s'oppofer aujourd'hui à ce que le vœu de la nature & le vœu de Dieu, ne fuffent remplis pour les Prêtres, comme pour les autres Citoyens.

M. Moynat, fans doute, étoit fort capable de donner à ces confidérations tout le développement qu'elles méritent; mais il y avoit un trop grand nombre d'Abbés, pour qu'il lui eut été poffible de s'expliquer avec ordre, & fans être mille fois interrompu. Il faut bien renoncer à parler à ceux qui font la fourde oreille pour ne pas entendre, & qui crient à tue tête pour empêcher les autres d'être entendus. M. Moynat a conclu en faveur de la Motion. Nous donnerons fon opinion à la fuite de ce récit.

La parole eft arrivée à M. Roucher, Auteur du Poëme des Mois & Ex-Préfident du Diftrict.

M. Roucher s'eft excufé de la prendre, en difant qu'il croyoit la queftion trop importante pour la traiter sans s'y être préparé. Il a demandé l'ajournement. M. Bayard avoit la parole après lui ; mais il n'a point manifesté son opinion, & comme Messieurs les Abbés étoient pressés par l'heure du dortoir, voyant qu'ils ne pouvoient faire ajourner à six mois, ils se sont retirés, & l'ajournement a été fixé à huitaine.

Dernière Séance du 11 Décembre.

J'ai dit ou j'ai dû dire, que dans la première Séance, où les Motions avoient été proposées & agitées, elles avoient été bien accueillies, que la proposition de convoquer spécialement les Ecclésiastiques avoit été rejetté : cette proposition avoit été faite par un Avocat. On pouvoit présumer qu'il n'étoit pas de l'avis des Auteurs des Motions ; mais comme il n'avoit développé aucun de ses moyens pour les combattre, les Abbés ont cru devoir se mettre en force par le nombre des voix, à défaut de raisons solides : aussi dans la seconde Séance, a-t-on pu s'appercevoir qu'ils avoient déja un nombreux parti. C'est grace à leur cabale, que MM. le Tellier & Guéroult n'avoient pû se faire entendre : peu s'en étoit fallu que l'ajournement ne fut remis à six mois, malgré la voix tonnante de l'Ex-Président Roucher, qui, marchant toujours, comme il le dit, en présence de sa conscience & de la loi, prétendoit avec raison que l'Assemblée pouvoit bien ajourner à un terme plus court que la huitaine, mais non à un terme plus long, puisqu'il n'y avoit aucun ajournement antérieur.

A la huitaine, donc, Meſſieurs Bayard, Avocat, & Roucher, Auteur des Mois, avoient la parole. Jamais Auditoire plus nombreux n'avoit garni les bancs de l'amphitéâtre de Navarre où ſe ſont tenues les trois fameuſes Séances, depuis que le Diſtrict de Saint-Etienne-du-Mont a adopté cette ſalle. Des perſonnes étrangères au Diſtrict étoient accourues de différens quartiers de Paris, & s'étoient gliſſées parmi celles qui avoient droit de voter. On prétend même que beaucoup d'Eccléſiaſtiques étoient de ce nombre.

Le Preux Avocat s'étoit muni d'autorités impoſantes ; il avoit apporté dans ſa poche des volumes de Mably & de Monteſquieu. Je mettrai, dit-il, les Auteurs des Motions bien à leur aiſe ; je ne conteſterai point les faits qu'ils ont avancés ; je ne combattrai point leurs argumens. Je me borne à démontrer qu'il ſeroit impolitique & dangéreux même dans ce moment-ci, que l'Aſſemblée Nationale s'occupât de réformes dans la diſcipline Eccléſiaſtique. Le Clergé, a-t-il dit, eſt encore tout meurtri des coups qui viennent de lui être portés ; pourquoi lui donner le prétexte de lier la cauſe des objets ſpirituels avec celle des objets temporels, & d'effrayer les peuples ſur le ſort de la religion ? Rien, a-t-il ajouté, n'eſt plus cher aux hommes que leurs opinions, & les opinions religieuſes ſont d'autant plus chères aux dernieres claſſes du peuple que l'eſpoir d'un heureux avenir eſt leur unique conſolation (1).

____

(1) Qui ſonge, M. Bayard, à ôter aux malheureux l'eſpoir d'une autre vie ? qui ſonge à nier l'exiſtence de l'ame ? en déclarant que les biens du Clergé ſont à la diſpoſition de la

Pour appuyer son raisonnement & en venir à la Coutume favorite du Barreau, qui est de ne point conclure, M. Bayard a lu plusieurs passages du livre de l'Abbé de Mably, connu sous le nom de *Considérations sur l'Histoire de France :* Cet Abbé auquel on a fait l'honneur de le regarder comme le prophête de la Révolution, parce qu'il a dit que la guerre des Ministres avec les Parlemens, finiroit par une tenue d'Etat-Généraux qui réuniroient le pouvoir des Parlemens & des Ministres ; cet Abbé, dis-je, ajoute à sa prophétie, que si la Nation se laissoit entraîner jusqu'a réformer les abus du Clergé, en même tems que ceux du Ministère & de la Magistrature, elle échouroit pour avoir trop entrepris à la fois. M. Bayard ne s'est pas contenté d'inspirer cette crainte ; il a cité Montesquieu, pour prouver que des loix antiques ne devoient point être changées sans les plus grandes précautions, le plus grand appareil : le Peupe doit apprendre par là combien les loix sont respectables, puisqu'il faut tant de cérémonies pour les changer.

Eh bien, l'Assemblée Nationale peut accompagner son Décret pour l'abolition du célibat des Prêtres, de toutes les cérémonies qu'elle voudra ; elle n'en sera pas plus auguste ; car rien n'est plus auguste qu'elle : mais M. Bayard sera satisfait. J'ajoute que si Montesquieu, homme supérieur au tems où il a vécu, existoit aujourd'hui, il ne seroit point de l'avis de M. Bayard ; & j'en conclus que

---

Nation. L'Assemblée Nationale a suivi les vœux, suivi les intérêts du Peuple ; en mariant les Ecclésiastiques, elle achevera, elle complettera son ouvrage. Il n'y a point, il ne peut y avoir d'état plus agréable à Dieu que celui de père de famille.

M.

M. Bayard n'est point un homme supérieur au tems où nous vivions ; car tout est relatif.

M. Bayard a conclu qu'il n'y avoit lieu à délibérer, ce qui a été fort applaudi par les petits Abbés, & les petits Montesquieu.

M. l'Ex-Président Roucher s'est alors présenté. On a cru d'abord, à sa tête haute & à cet air d'inspiré que lui donne sa bouffante chevelure, qu'il alloit parler d'abondance ; mais il avoit aussi fait son cahier. Messieurs, a dit l'Auteur des Mois, vous avez à prononcer sur deux questions : la première est de savoir si les Ecclésiastiques prendront le *harnois* militaire. Le mot *harnois* a provoqué les ris & les huées ; M. Roucher les a supportés, & s'est repris en disant : nous avons, Messieurs, à décider si les Ecclésiastiques substitueront l'habit militaire à la *livrée* sacerdotale : Nouveaux ris, & nouvelles huées : M. Roucher s'est repris encore, & a dit : les Ecclésiastiques prendront-ils l'habit militaire en quittant la robe sacerdotale ? première question. Les Ecclésiastiques se marieront ils ? seconde question. Je vais les traiter séparément. Alors M. Roucher a obtenu silence, & sur la première question, il a pensé que les Ecclésiastiques ne devoient point porter l'habit militaire, parce qu'ils contracteroient bientôt l'*attitude* de cet habit. M. Roucher a prétendu que les anciens avoient distingué le costume des Pontifes de celui des Guerriers : il n'a pas nié cependant que César n'eût été grand Prêtre ; mais il prétend apparemment que César avoit le talent de varier ses *attitudes*, selon qu'il étoit revêtu du *harnois* militaire ou de la *livrée* sacerdotale ; à la bonne heure. Sur la seconde question, M. Roucher a été d'avi

B

qu'il n'y avoit point d'inconvénient qu'il fut permis aux Ecclésiastiques de se marier. Il a fait sentir
avec force les dangers du célibat ; il a rappellé
qu'il avoit consigné son opinion là-dessus, dans son
Poëme des Mois, long-tems avant que la question
fut agitée au District. Mais par une inconséquence
bien remarquable, il a conclu qu'il n'y avoit lieu
à délibérer. Les Abbés doublement attrapés par
l'opinion de l'Ex-Président, qui vouloit les obliger
à porter toujours la soutanne, ce qui seroit fort
gênant en bien des occasions, & par le vœu qu'il
formoit conjointement avec l'Auteur de la Motion,
pour la cessation du célibat ecclésiastique, se sont
remis de leur trouble à cette conclusion inattendue
qu'il n'y avoit lieu à délibérer.

Mais il y a à observer que M. Roucher vouloit
diminuer le nombre des gens d'Eglise. L'Assemblée Nationale y a pourvu en diminuant le nombre des Bénéfices. Reste à savoir si un Clergé plus
ou moins nombreux peut se dispenser des devoirs
de la nature, & des exemples qu'il doit à ses
Concitoyens.

Quoiqu'il en soit, l'Auteur des *Mois* s'est assis
au Bureau, pour inscrire ses amendemens, sur les
fastes du District, & l'a quitté avec l'attitude d'un
triomphateur, parce que les applaudissemens
donnés par les Abbés à sa conclusion, avoient
couvert les éclats de rire excités par les mots de
harnois militaire, & de *livrée* sacerdotale.

Si les Abbés avoient été prudens, ils s'en seroient tenus-là ; mais ils avoient des vengeances
personnelles à exercer contre l'Auteur de la Motion,
dont le courage est connu, & qui faisoit bonne
contenance.

M. l'Abbé Bintot, Vicaire de Saint Etienne-du-Mont, s'est présenté dans la lice, avec son écrit à la main. On eut dit qu'il alloit lancer les foudres de l'Eglise sur son adversaire. Mais trop habitué à faire le Cathéchisme, le ton sec qu'il a contracté en morigénant de petits garçons & de petites filles, a déplu à l'Assemblée. On a trouvé son Discours diffus, étranger à la question, trop rempli de Jérémiades sur les pertes récentes du Clergé, & par-tout dépourvu de faits, de style & d'idées.

Les Abbés ont applaudi à son zèle, & quelques esprits vulgaires à ses lieux communs. Une voix s'est élevée du fond de l'Assemblée, qui a dit : il y a assez long-tems que nous entendons parler contre ; il est tems d'entendre ceux qui doivent parler *pour*. La liste étoit nombreuse ; plus de 20 orateurs s'étoient fait inscrire ; mais la délibération que l'on a précipitée, a empêché qu'on n'entendit tout le monde. De plus, les Séminaristes avoient encore quelques athlètes à produire dans l'arène du célibat, ils ont donc réclamé l'ordre de la liste.

Un jeune laïc nommé Ancelin, organe, à ce qu'on prétend, d'un certain Professeur de Navarre, qui lui avoit fait son Discours, s'est fait entendre pour la première fois dans l'Assembée du District ; il avoit préparé une espèce de Satyre ; car il est impossible de nommer autrement la réfutation que le jeune Ancelin a entreprise de la Motion dont il a voulu éluder la force & le poids, en opposant l'Abbé de Cournand à lui-même. Pour cela, il s'est rappellé qu'il avoit entendu faire à cet Orateur l'éloge de la chasteté, dans le Panégyrique de Saint-Thomas, comme si la chasteté & le mariage

étoient des chofes incompatibles, & que l'Auteur
eût prétendu jetter du louche fur la chafteté abfo-
lue, quand elle eft une vertu furnaturelle, & non
une loi de police. Le jeune Ancelin, avec une
bonne - foi qui a édifié toute l'Affemblée, a con-
feffé l'infuffifance de fes efforts pour atteindre à la
vertu que l'Abbé de Cournand avoit célébrée dans
le Panégyrique de Saint Thomas. Il a dit qu'ayant
été deftiné à l'état Eccléfiaftique par fes parens,
il s'étoit arrêté tout court devant l'écueil du célibat, par la crainte de ne pouvoir pas triompher
de l'obftacle que M. l'Abbé de Cournand fe pro-
pofoit de lever. C'étoit, ce femble, une raifon
d'appuyer la Motion; mais M. Ancelin a préféré
de la combattre, pour ne pas perdre les belles
phrafes qui étoient dans fon cahier, & feignant
de croire que les Abbés de fa connoiffance avoient
trouvé le démon de la chair moins opiniâtre à les
tourmenter que lui; il les a gratuitement fuppo-
fés capables de cet état de pureté dont il fe recon-
noiffoit indigne, ne voulant point cependant com-
prendre dans la lifte de fes héros, l'Auteur de la
Motion, & trouvant dans la qualité de Poëte qu'il
joint à celle de Prédicateur, un motifs d'exception, & même d'excufe; en quoi M. Ancelin s'eft
montré bien généreux, vu la réputation de bonnes
mœurs dont fon adverfaire jouit. Enfin il s'eft
permis de dire qu'il étoit bien difficile *qu'un Poëte
ne brûlât quelques grans d'encens fur l'autel de
Vénus.* La gentilleffe de ces paroles, dans un fujet
fi grave, lui a valu les applaudiffemens des Abbés
qui fe fontfouvenus tout à-coup de leur mythologie.
Aucun des Théologiens qui étoient là, n'a trouvé
mauvais que le jeune athlète mêlât le facré avec

le profane , l'éloge de la chasteté , avec les allusions à Vénus. Ils ont pensé apparemment que l'Auteur de la Motion vouloit les marier pour en faire de petits maîtres , & en interprêtant ses intentions , ils ont témoigné d'une manière bruyante leur satisfaction de la saillie peu révérencieuse du jeune Ancelin.

Celui-ci a été rappellé à l'ordre par l'Assemblée, justement surprise de voir un petit Ecolier s'échapper en apostrophes indécentes , contre l'Auteur de la Motion, l'une des personnes les plus considérées du District. Cela lui a fait payer les éclats de rire qu'il cherchoit à exciter ; il s'est tu en faisant des espèces d'excuses : il a bien vû qu'on ne s'étoit point assemblé pour rire , mais pour discuter , & il n'a pas tenu depuis la parole que ses amis avoient donnée pour lui , de faire connoître sa manière de raisonner , par la voie de l'impression.

M. Ancelin n'a pas pris de conclusions , ou s'il en a pris , elles ont été tellement couvertes par les marques d'improbation du District , qu'il n'a pas été possible au rédacteur de ces Séances, de les démêler & de les entendre. Un jeune Abbé, qui a fait ce jour là son noviciat d'éloquence, a succédé à M. Ancelin, dans le droit de la parole , & s'est montré bravement au Bureau, pour appuyer sa cabale.

Encore un Abbé , s'est-on écrié de plusieurs coins de la salle. Ceux qui le connoissoient ont dit que c'étoit l'Abbé de Naulan, jeune Bachelier de Navarre , qui , comme au Concile de Trente, n'étant pas de l'avis des vieux Docteurs, s'est chargé de la cause du célibat, sur laquelle ses anciens ont été muets. Figurez-vous un teint de lys & de roses, un air aimable, qui faisoit douter de la sincérité du jeune Apôtre à défendre des vertus pénibles. Les uns vouloient qu'il parlât, les autres s'y opposoient; les gens sages étoient d'avis qu'il falloit lui laisser dire ses raisons. Le voilà qui se met en attitude, qui recule, qui repousse l'Hymen, lui qui, moins que tout autre, auroit lieu de s'en plaindre, s'il descendoit jusqu'à l'implorer, & si par une raison supérieure, il l'appelloit au secours des bonnes mœurs, au lieu de s'en déclarer l'ennemi.

Le plus puissant motif que l'Abbé de Naulan ait donné de son opposition, est celui-ci : *le sort des Ministres & celui de leurs familles, dans les états où Luther & Calvin ont fait germer leurs erreurs, nous avertit assez du danger qu'il y auroit que les Prêtres se mariassent. Les rues de Londres sont tapissées de filles de Ministres.* On pouvoit répliquer à l'Abbé de Naulan que les rues de Paris le sont de nièces de Curés. Du moins elles le disent pour se donner un certain relief; comme à Londres, elles se servent de cet artifice pour faire préjuger qu'elles ont reçu de l'éducation. Mais il faut le tirer d'erreur. Il est si jeune encore, qu'il lui est permis d'ignorer les ruses d'un sexe qu'il ne connoît sans doute que par théorie. La derniere chose à laquelle les femmes renoncent, est une espèce de considération qu'elles tirent de leur naissance & de leur éducation, lorsqu'elles ne peuvent la tirer de leurs vertus. Dans tous les pays où les Ministres du culte se marient, leurs enfans & leurs filles, sur-tout, sont élevées très-soigneusement. Bien différens des Ministres de

notre sainte Religion, qui font de leurs meres &
de leurs sœurs leurs servantes, tandis que d'autres
font de leurs servantes leurs maîtresses, les Ministres
Protestans ont des servantes qui obéissent à leurs
épouses, & ils élevent leurs filles pour devenir
meres de famille : aussi le deviennent elles, &
leur établissement est d'autant plus sûr, que le pere
est moins esclave du préjugé de la naissance ou
de la fortune. Persuadés que la bonne éducation est la plus riche des dots qu'une fille
honnête puisse apporter en mariage ; ces maîtres
de morale réglent là dessus leurs soins domestiques :
rarement leurs espérances sont-elles trompées,
quoiqu'en disent des voyageurs peu instruits, &
trop occupés de leurs plaisirs passagers pour s'as-
surer de l'état des filles qui leur disent effronté-
ment que leur père étoit Ministre, & que le
défaut de moyens les a jettées dans le vilain métier
qu'elles font. C'est ce vernis d'éducation que les
prostituées sont bien aises de se donner, qui les
engage à se dire filles de Ministres. Elles se flattent
de persuader qu'elles sont honnêtes au fond du
cœur, qu'elles ont des principes, des vertus
mêmes, & qu'elles seroient bonnes mères de
famille, si quelque homme sensible & généreux
se déterminoit à les épouser. Voilà les piéges
qu'elles tendent à la crédulité des Anglois, des
Hollandois & des Allemands, qui, n'ayant pas,
comme les François, l'habitude d'épouser de
prétendues novices dont la virginité leur est
garantie par les grilles du Couvent, croyent avec
raison qu'il est moins rare de voir une femme
rentrer dans la pratique de la vertu, quand elle
en a reçu les principes, que de voir une femme

se faire à elle même des principes, lorsqu'elle se risque aux piéges du vice, sans connoître ses devoirs.

Ce sont ces notions & mille autres que l'on n'acquiert ni dans les Séminaires ni sur les bancs de l'Ecole, que le jeune Abbé de Naulan n'a point & ne peut avoir. Car n'en déplaise à l'Abbé Birtot, il reste encore quelque chose à enseigner au sexe après le Cathéchisme. C'est ce que les Ministres Anglicans enseignent à leurs filles; c'est ce qu'elles voyent pratiquer à leurs mères ; c'est ce qu'elles pratiquent elles-mêmes pour se rendre dignes d'avoir un époux. Il n'y a donc, il ne peut y avoir de meilleure éducation que l'éducation paternelle; & si quelque chose peut en approcher, ce ne sera certainement pas celle que donnent des hommes voués au célibat, des hommes retranchés, pour ainsi dire, de la société par des vœux qui les isolent de leurs semblables, & qui leur prescrivent des vertus impraticables sans des efforts surnaturels.

Pourquoi donc appeller la grace à son secours contre la nature qui est elle-même une première grace ? pourquoi se faire des vertus dont la société ne recueille aucun fruit ? pour moi je tiens depuis long-tems en principe que tout ce qui est inutile est nuisible, & je crois ce principe révélé par la nature. Aussi je l'oppose avec confiance aux argumens des Abbés du quartier latin qui ont lû comme moi dans l'Evangile, que *tout arbre qui ne porte point de fruit sera coupé & jetté au feu.* Touché de pitié pour la déraison de ceux qui nient cette vérité évidente, je demande pour eux la grace de rentrer dans les voies de la nature, de la religion, & de l'utilité publique.

Les craintes de l'Abbé de Naulan & de ses pareils, sur le sort des filles des Ministres des Autels, si le mariage étoit permis à ceux-ci, pourront-elles encore balancer la compassion qu'il devroit avoir pour des milliers de victimes du célibat, tant Ecclésiastique que Séculier? Combien de filles, combien de veuves eussent été pourvues & consolées, s'il eût été permis aux Ecclésiastiques de les prendre pour épouses? qu'ils auroient mis bien plus de zèle, étant mariés, à prêcher le mariage à cette multitude de célibataires qui sont les fléaux des époux & la perte de la société?

Mais M. l'Abbé de Naulan a-t-il bien réfléchi avant d'exprimer ses craintes? ne sont-elles pas injurieuses pour l'Assemblée Nationale, pour les Administrations de Départemens, pour les Administrations Municipales? comment peut-on se permettre de penser (les Financiers à part) que la Nation ne mettra pas au nombre des obligations publiques, celle de pourvoir à l'établissement des vertueux rejettons des Ministres de son culte? & comment peut-on croire que chaque Département ne fera pas des contributions des Citoyens pour les frais des Autels, une distribution plus juste & plus proportionnelle que ne l'ont faite les Prélats, chargés jusqu'à présent de la feuille des Bénéfices?

L'Abbé de Naulan étoit digne de s'élever jusqu'à cette pensée; car il est le seul qui ait osé avoir une opinion conforme aux principes établis dans son écrit. Jusqu'à lui les Abbés n'étoient point forti de cette formule de chicane, *il n'y a lieu à deliberer*. Il a soutenu au contraire qu'il y avoit lieu à délibérer, mais que la décision devoit être que le célibat ecclésiastique fût consacré par une Loi Nationale, même en dépit de la déclaration des droits. Voilà du moins qui a du caractère, faute de raison ; & s'il est malheureux d'errer, il ne l'est pas d'être conséquent.

L'Abbé de Cournand croit le célibat des Prêtres nuisible à la religion, aux mœurs, à la nature, & à la société. Il en demande l'abolition.

Le Bachelier de Navarre croit le célibat utile & même nécessaire. Il demande qu'il soit institué en loi.

L'un des deux a raison. La Nation peut seule les juger, parce que la Nation comprend le Clergé, & que le Clergé ne peut être seul juge dans sa cause. Donc il y a lieu à délibérer en assemblée de District, & de juger en Assemblée Nationale.

M. Crouzet, Professeur de seconde au Collège de Montaigu, a succédé dans le droit de la parole à M. l'Abbé de Naulan ; mais ses armes d'une meilleure trempe que celles du Bachelier, auroient triomphé des vains argumens de celui-ci, dans le cas où il lui eut été possible de se faire entendre. Un vacarme infernal étouffoit sa voix. Tous les braillards, tous les abboyeurs de l'école étoient au District ; on y avoit même conduit les valets des Duhans & des Dagoumers. La poitrine délicate du Professeur ne pouvoit tenir contre tant de clameurs réunies. *Remettez votre Discours dans votre poche, lui crioit-on, vous n'êtes point Ecclésiastique, mariez-vous, si cela vous fait plaisir, nous irons rire à vos noces.* Le parti du silence est préférable à une obstination inutile. A peine a-t-on pu recueillir quelques phrases de cet excellent Discours rempli de raison, & de sensibilité. Nous le donnerons en entier dans les feuilles que nous joindrons à ces détails.

Les non-délibérans étoient pressés d'arriver à leur conclusion. Il se faisoit tard, & le Bureau ne vouloit pas d'une quatrième Séance. Le bruit que la Motion faisoit dans Paris allarmoit la conscience & peut-être les intérêts de quelques honorables Membres. Ils ne vouloient pas sortir du District sans savoir à quoi s'en tenir, & ils étoient bien sûrs, vu les mesures qu'ils avoient prises, qu'après trois Vendredis de délibérations très-vives il n'y auroit lieu à délibérer.

Il restoit au moins à entendre encore une douzaine d'Orateurs. M. de Vauvilliers s'étoit fait inscrire. L'Abbé de Cournand avoit à parler, & l'on étoit impatient de lui voir défendre sa Motion. On savoit qu'il avoit écrit, & la curiosité redoubloit par l'idée qu'il étoit sans doute bien préparé. On lui accorde la parole. Son exorde adroitement ménagé lui concilie l'attention de son auditoire. A mesure qu'il entre en matière un bourdonnement d'approbation se faisoit entendre dans l'Assemblée. Voilà de la logique, disoit-on, voilà qui s'appelle du raisonnement. La cabale elle-même suspendue par la force des preuves, gardoit le silence ; les adversaires eux-mêmes sembloient applaudir dans leur ame, & manifestoient sur leur visage leur approbation.

Il y avoit des momens où ils improuvoient ; mais le gros de l'Assemblée les faisoit taire, L'Orateur faisant signe des deux mains, tâchoit de calmer les orages du parti contraire. L'agitation

faifoit place à des mouvemens plus doux ; il repré-
noit fon cahier, & continuoit fa lecture. Comme
il s'appuyoit uniquement fur la raifon, & non fur
des faits, il étoit difficile de le contredire. Auffi
jouiffoit-il de ce triomphe fi flatteur pour l'homme
qui parle en public, de fentir que la conviction
agiffoit fur-ceux mêmes qui étoient venus bien
décidés à lui donner tort.

A un certain endroit du Difcours, (c'étoit
heureufement vers la fin,) on crut appercevoir
une impiété. La phrafe étoit une conféquence
naturelle des principes, & théologiquement vraie.
Quelques gens échauffés par la contrainte même
où leurs paffions avoient été retenues pendant le
Difcours, s'élancent des bancs, comme des fu-
rieux; plufieurs Volontaires du Bataillon crûrent
que l'Auteur de la Motion alloit être infulte. Lui,
montrant un courage tranquille, & la fermeté
de la vertu, reftoit en place, tandis que des voix
bruyantes lui crioient de quitter le Bureau. Des
flots d'auditeurs l'exhortoient de l'autre côté à ne
point fe démentir; & certes, il n'en avoit ni le
pouvoir ni l'intention. Enfin, M. Roucher apof-
trophant l'Affemblée avec véhémence, fit rougir
ceux qui accufoient l'orateur d'avoir blafphêmé, &
il leur rappella que leurs clameurs infenfées étoient
le même moyen que les Juifs avoient employé
contre notre Souverain Légiflateur. Ces mots pro-
noncées avec force & onction calmèrent la partie
tumultueufe de l'auditoire ; on fe remit & l'orateur
pût continuer fon Difcours jufqu'à la fin.

M. de Vauvilliers vouloit parler ; mais d'autres
orateurs, infcrits avant lui, réclamoient la parole.
Cet honorable Membre eut la générofité de rendre

juſtice à l'Auteur de la Motion, dans cet inſtant même, & il confeſſa qu'il avoit parlé avec beaucoup d'eſprit & de talens, mais l'orateur eut été bien plus flatté, ſi par ſes raiſons il avoit porté la conviction dans l'ame de ſon Panégyriſte.

Quoiqu'il en ſoit, les affaires multipliées du Diſtrict ſervirent de prétexte à la clôture d'une diſcuſſion qui avoit déjà duré trois Séances. Il étoit onze heures du ſoir. On ne vouloit pas décider la queſtion pour confirmer les Prêtres dans leur célibat. Trop de raiſons s'y oppoſoient; trop de lumières étoient répandues ſur cette matière. On ne vouloit pas non plus, diſoit-on, empiéter ſur les droits de l'Aſſemblée Nationale, comme ſi l'émiſſion d'un vœu eut été une déciſion. Il falloit donc, à entendre ces Meſſieurs, ſe reſtraindre à la queſtion préalable, cela ſouffroit de grandes oppoſitions de la part d'une multitude de perſonnes qui croyoient qu'il y avoit lieu à délibérer, & qui prétendoient, malgré la frayeur qu'on leur faiſoit du préjugé populaire, que la Place Maubert auroit décidé en faveur de la Motion, ſi on eut pû la prendre pour théâtre de cette délibération importante. Enfin tout ſe termina *par un, il n'y a lieu à délibérer*. Mais il eſt à croire que cette ſuſpenſion de jugement ſera réformée. La Nation eſt trop avancée pour laiſſer ſubſiſter des abus dont elle gémit depuis des ſiècles; & l'intérêt des mœurs, d'accord avec celui de la religion, fera lever ſans doute prochainement une interdiction qui n'a eu d'autre appui que la politique, & qui doit naturellement finir avec elle.

MOTION

Faite dans l'Assemblée générale du District de Saint Etienne-du-Mont,

POUR LE MARIAGE DES PRÊTRES.

Par M. l'Abbé DE COURNAND.

VOICI une des plus grandes questions qui aient été agitées dans une assemblée libre. Je viens défendre la cause des mœurs, contre un ancien abus voilé des apparences de la religion. J'ai pour auditeurs des citoyens capables d'apprécier mes motifs, & ma conscience pour garant de la pureté de mes intentions. Que le préjugé se taise ; ce n'est pas à lui, mais à la raison, de se faire entendre ; & ses réclamations seront appuyées par la religion elle-même. Trop long-tems on a étouffé sa voix, trop long-tems on lui a apposé une prétendue loi de l'église, pour lui faire tolérer un usage qui contrarioit visiblement les desseins de Dieu, & les sentiments les plus sacrés de la nature. On a érigé en préceptes des conseils sublimes, sans doute, mais impraticables pour le commun des ministres,

même pour ceux qui aspiroient à une haute piété.
Dans tous les siècles, on a attaqué par de nombreux
écrits, ou éludé par des exemples plus nombreux
encore, une loi qui vouloit ôter à l'humanité
ses besoins, à la sensibilité ses foiblesses, à la
vertu ses consolations, au prêtre citoyen le droit
d'exister comme pere & comme époux. Je réclame
aujourd'hui en faveur de mes freres, un droit
inaliénable dont rien au monde ne peut les priver;
je le réclame au nom de la religion, de la nature
& de la société.

En traitant cette importante question, j'oserai
me passer du secours des livres. Les livres peuvent
servir quelquefois à éclaircir les choses douteuses:
mais ici où est le doute pour les ames raisonnables?
Si on m'attaque avec des usages, je me retran-
cherai dans les mœurs; si on me cite des autorités, je renverrai aux premiers versets de la
bible; si on me parle de religion, je répondrai
que je ne vois rien dans le décalogue, ni dans
les commandemens de l'église, ni dans nos ordi-
nations mêmes qui sont contraire à la cause que
je défends : je la soutiendrai cette cause, parce
qu'elle est bonne, & victorieusement appuyée par
la religion, par la nature, & les intérêts de toutes
les sociétés. Si l'on me conteste encore mes principes, après le développement que j'en vais faire,
je mettrai aux prises les vrais chrétiens avec les
dévots, les citoyens éclairés avec les faux sages.
Je combattrai les uns par les intérêts de la religion, qui demande avant toutes choses, de bonnes
mœurs; je prouverai aux autres qu'ils mentent à
leur raison & à leur conscience, en disputant à
leurs semblables un droit qui tient à la nature de

l'homme, & qu'on ne peut lui ravir fans attaquer fon exiftence. Je rendrai peut-être mes adverfaires circonfpects par ces confidérations. Je les contiendrai du moins par la crainte de fe compromettre aux yeux de la France qui les obferve, & de la raifon dont il n'eft pas indifférent dans ce moment d'être le perfécuteur ou l'apôtre.

Le Mariage eft d'inftitution divine ; c'eft le premier des Sacremens dans l'ordre des tems : dans l'ordre de la fociété, c'eft le lien du genre humain, la bafe des conventions fociales, le gage des mœurs privées, & la fauve-garde des mœurs publiques. Nulle loi ne peut le défendre à une claffe particulière d'individus, parce que nulle loi ne peut priver l'homme d'un droit naturel. La loi qui le défendroit ne pourroit donc être une loi fociale ; & fi c'étoit une loi religieufe, elle auroit un vice bien remarquable, celui d'aller contre un ordre exprès de Dieu.

Vous avez vu, Meffieurs, dans les livres faints, combien le mariage y eft expreffément recommandé : nulle part il n'eft défendu, parce que Dieu ne fauroit défendre ce qui eft dans l'ordre de la nature, & que le Légiflateur éternel ne peut être en contradiction avec lui-même. L'homme ne peut pas non plus, fous quelque prétexte que ce foit, fe l'interdire à lui-même d'une manière irrévocable, parce qu'il doit toujours conferver la faculté de revenir à l'ordre de la nature, qui, quand il eft légitime, n'eft pas autre chofe que l'ordre de Dieu. On vous cite des ufages anciens ; mais quelque anciens que foient ces ufages, ils le font moins que l'ordre de Dieu, qui date de

l'origine

l'origine du monde. On vous parle d'un état de perfection : si je ne me trompe, Messieurs, la perfection ne consiste pas à se réfuser aux sentimens légitimes de la nature, mais à s'y conformer & à les suivre. L'homme parfait est celui qui atteint la mesure de son être, & non celui qui passe le but.

Or, quel doit être le but de l'homme vivant en société ? de se conserver, de s'unir, de remplir les devoirs communs aux citoyens, de partager les mêmes avantages & les mêmes charges ; plus sa vocation est excellente, & plus sa conscience doit renforcer à ses yeux ses obligations. En est-il une plus sacrée, plus indispensable que celle dont nous nous occupons en ce jour ? N'est-ce pas de ce principe que dérive toute société ? Tous les liens humains, toutes les vertus civiles ne tiennent-elles pas à ce premier lien ?

La loi peut-elle empêcher ce que la nature & la religion commandent avec tant d'empire ? La loi faite pour maintenir la société, avoueroit-elle des dispositions propres à l'affoiblir & à la détruire ? cela implique contradiction.

Il est dit dans la déclaration des droits de l'homme : *les hommes naissent & demeurent libres & égaux en droits* : j'invoque cette grande vérité, & voici comme je raisonne : s'ils naissent & demeurent libres, ils ne peuvent donc pas aliéner leur liberté ; nul serment, nul engagement ne peut les faire cesser d'être libres, à moins que leur liberté ne soit réciproquement engagée, & alors ils sont soumis aux loix de tous les contrats qui leur interdisent une infraction qui peut nuire aux droits d'autrui. S'ils sont égaux en droits, ils ont donc, comme Citoyens, les mêmes droits que

C

tous leurs concitoyens, & il seroit vraiment singu-
lier qu'on voulût priver une des classes de la société
d'un droit commun à toutes les autres.

Mais, dira-t-on, l'église l'a ainsi ordonné Personne ne respecte plus que moi l'autorité de
l'Eglise dans les choses qui sont du ressort de la
foi, & qui intéressent véritablement les mœurs ;
mais on ne dira point qu'il soit de foi que tel
ou telle doivent s'interdire le mariage, & que
l'autorité de l'Eglise s'étende jusqu'à proscrire,
sous aucun rapport, un engagement aussi saint que
celui-là : car ou l'Eglise parle au nom de Dieu ,
& l'on sait que c'est Dieu lui-même qui a comman-
dé le mariage aux hommes ; ou elle parle au nom
des hommes, & le grand intérêt des mœurs ne leur
permettra point de la démentir, si elle consent au
mariage de ses Ministres ; mais la société a-t-elle
besoin de son consentement ? non : car s'il existoit
une loi contraire à l'ordre de Dieu , & au bien de
la société, cette loi ne sauroit être une loi de
l'Eglise ; elle ne peut ordonner des choses contraires à la loi de Dieu , & au bien général des
hommes.

Cet usage donc qui interdit le mariage aux
Prêtres, n'est point une loi de l'Eglise, & ne peut
être obligatoire pour ses Ministres. L'Eglise est
l'assemblée des Chrétiens, & nulle société chrétienne n'a pu & n'a dû consacrer un usage qui va
directement contre l'ordre de Dieu & de la société ; cela est évident ; & il ne l'est pas moins
que nulle idée de perfection ne peut faire un pré-
cepte de la promesse tacite ou formelle de déroger
aux loix primitives de la nature : car certainement
ces loix sont de Dieu, & souvent les pensées des

hommes n'en font pas. La société a donc le droit
de rappeller aux loix primitives de la nature ceux
qui prétextent des engagemens qui les difpenfent
de ces loix ; & à plus forte raifon, de tendre une
main fecourable à ceux qui defirent y rentrer.

Sans examiner les caufes qui ont amené cette
interdiction particulière, je me reftreint à démontrer combien la fociété y a perdu. Une claffe de
citoyens utiles, & chargés de fonctions refpectables, s'eft trouvée ifolée des devoirs les plus facrés
de l'homme, & les plus impérieufement comman-
dés par la nature. Ce fentiment toujours actif
d'une union néceffaire au bonheur de la vie, étant
contrarié par une privation forcée, on a vu com-
munément l'inobfervance de la loi entraîner la
perte des mœurs, parce que la grace ne fe charge
pas plus que la nature de garantir des fermens qui
répugnent à notre conftitution. Delà les plaintes
continuelles des canons fur les fcandales des
Prêtres, fcandales qu'il ne tenoit qu'à eux de
prévenir, en leur permettant d'avoir des époufes ;
delà les gémiffemens des perfonnes pieufes, &
les déclamations des gens du monde contre le
Clergé qui ont eu pour principe, en grande
partie, ce dangereux celibat. Comment en effet
foumettre des hommes foibles à une épreuve auffi
périlleufe, fans les expofer à tous les défordres
cachés ou publics qui font la fuite prefque infaillible d'un pareil engagement ? Auffi combien en
a-t-on vu pour qui les tentations ont été des chûtes,
& les chûtes la caufe d'une infamie qui s'eft répan-
due fur leur miniftère ?

Obligeons-les à être Citoyens, dans toute l'é-
tendue de ce mot, ou du moins ne les empêchons

pas de le devenir ; & ces défordres feront réparés.
C'eft à notre Nation, à cette Capitale dont les
yeux font maintenant fixés fur ce Diftrict, à donner cet exemple à l'Europe catholique.

Mais ceux qui ont promis de vivre dans la
continence ! difons-le hardiment ; ceux-là ont fait
un vœu téméraire qui ne les engage point envers
la fociété. La véritable continence eft celle de la
vertu qui fe borne à ce que permettent les loix
de la religion & de la nature. La continence
forcée eft un hommage indigne de l'Etre fuprême ;
& ce Dieu qui m'entend n'a point voulu fans
doute tourmenter fes créatures, en leur impofant
un joug qu'elles font incapables de porter. Loin
d'ici le langage étudié d'une piété contraire aux
premiers élémens de l'homme, & qui prétend
captiver le corps, comme la foi captive l'en-
tendement. La religion ne fe laiffe point éblouir
par ce vain fophifme, & elle n'écoute point un
langage qui déshonore le Ciel, en contrariant le
vœu de l'auteur des chofes. Puifqu'il nous a placés
fur la terre pour exifter conformément à fes vues,
& que ces vues font évidemment connues, malheur
à ceux qui ont la folie de les traverfer ! L'abus
qu'ils font de leur raifon eft un crime envers la
fociété, & un démenti donné au fouverain Créateur
qui a fait l'homme à fon image & reffemblance.

On m'objectera peut-être que le changement
que je propofe eft trop brufque & trop précipité.
Mais, ce qui eft bien doit-il fouffrir des retards ?
Croit-on trouver des obftacles dans les préjugés
reçus ? Les efprits font plus avancés qu'on ne
penfe ; la France s'eft prodigieufement éclairée. Le
peuple défire une révolution dont le fimple bon

fens fait appercevoir la néceffité, & qui fera bientôt
applaudie de la piété même.

Car enfin, que peut craindre la piété ? que le
Miniftre des Autels ne perde l'autorité de fon
miniftère. Non : cette autorité augmentera par
l'exemple qu'il donnera de toutes les vertus civiles,
dans un état qui les nourrit toutes. Les vertus
religieufes marcheront avec elles d'un pas égal,
& ne croyez pas qu'on ira moins chercher à fes
pieds des confolations ou des repentirs, parce qu'il
aura formé une union fainte femblable à celle
de J. C. avec fon Eglife. La malade a-t-elle moins
de confiance en fon Médecin, parce que celui-ci
eft engagé dans les liens du mariage ? Le Médecin
des ames feroit-il de pire condition que celui des
corps, & y auroit-il plus de danger à fe faire ab-
foudre par l'un qu'à fe faire guérir par l'autre ?

Au contraire, on a fouvent redouté les périls,
& déploré les abus d'un miniftère faint exercé par
des hommes voués au célibat, & qui, après tout,
n'étoient pas des anges. Que ne falloit-il pas
employer d'adreffe pour enfevelir leurs fautes
dans le filence lorfque le Clergé étoit tout-puiffant ?
& combien de fois, pour les fouftraire à la rigueur
des Ordonnances, n'a-t-on pas été obligé d'avoir
recours au defpotifme miniftériel ? Un nouvel
ordre de chofes fera ceffer ces fcandales, ou du-
moins ils ne refteront plus impunis, lorfque les
précepteurs de la morale publique n'auront plus
de prétexte pour fe difpenfer d'avoir des mœurs
pures & févères. On pourra les foumettre alors
à une refponfabilité rigide de leur conduite, parce
qu'ils auront à leur difpofition un lien capable d'en
garantir la fûreté.

Ajoutons que l'état aura plus de facilité à encourager les mariages dans les autres classes de Citoyens. Le célibat religieux est du plus mauvais exemple pour les mœurs publiques. De quel droit condamnerez-vous dans les laïcs le célibat que vous consacrez dans vos Prêtres ? Ne pourront-ils pas, malgré vos institutions politiques, se parer des mêmes dehors de vertu, pour pallier un libertinage secret ? & l'hypocrisie ne prendra-t-elle point, quand elle voudra, le masque de la religion, pour se dispenser des devoirs & des peines du mariage ? Non, vous ne parviendrez jamais à faire de bonnes loix sur le mariage, tant que vous n'aurez point aboli la loi injuste & insociale qui condamne vos Ministres à une continence souvent mal gardée.

Mais on craint que le mariage ne les rende moins utiles à la société, en les détournant des fonctions de leur état. Ceux qui pensent ainsi, ne réfléchissent pas, ce me semble, que c'est au contraire un moyen infaillible de leur rendre ces fonctions & plus faciles & plus chères. Ils s'intéresseront davantage à l'éducation des enfans des Citoyens, quand ils auront eux-mêmes des enfans à élever ; ils entreront mieux dans les peines d'un ménage, quand ils éprouveront les mêmes peines dans leur maison. Leurs épouses, destinées à donner à leur sexe des exemples semblables à ceux des Ministres de paix, auxquels elles seront unies, deviendront les anges tutélaires d'une Paroisse, & elles en seront, par état, les dames de charité. Il n'y aura plus dans les maisons Presbytérales, de ces gouvernantes impérieuses qui aliènent souvent les brebis du Pasteur, par leurs manières arrogantes & hautaines ; on abordera, avec confiance, celle qui

aura les mêmes intérêts de compaſſion, de mo-
deſtie & d'honnêteté que ſon vertueux époux :
& qu'on ne diſe pas que celui ci, trop occupé
de ſa famille, négligera ſes malades ou ſes pauvres ;
il faudroit donc interdire le mariage à tous les
Officiers civils, chargés de ſemblables ſoins ; il
faudroit le défendre aux Médecins, aux Admi-
niſtrateurs d'Hôpitaux, aux Miniſtres d'Etat, à
tous ceux qui ont à leur charge la choſe publique.
Eſt-on de bonne foi, quand on nous donne des
raiſons auſſi dériſoires ?

C'eſt plutôt le célibat qui les empêche de remplir fidélement les devoirs de leur miniſtère. Si
vous vous plaignez que nous ſommes moins ſen-
ſibles à vos peines, ne vous en prenez qu'à la loi
qui nous défend d'être pères & citoyens ; nous ne
connoiſſons vos chagrins que par oui dire : on
compatit foiblement aux maux qu'on n'a point
ſoufferts. Un effet preſque immanquable du célibat,
c'eſt d'endurcir le cœur ; & la religion, toute
céleſte qu'elle eſt, ne remplace point communé-
ment par ſes graces ſurnaturelles, cette ſenſibilité
active & profonde qu'elle verſe dans nos ames par
les moyens naturels. Sans doute, il exiſte des
vertus dans le célibat ; mais on en trouveroit en
plus grand nombre dans le mariage, parce que
les vertus ſuivent l'ordre de la nature, & celles-
là ſont bien meilleures, qui naiſſent de ſon concours
avec les graces d'en haut.

Un autre obſtacle à l'accompliſſement des devoir du Prêtre, c'eſt cette inquiétude d'un cœur
qui ne ſait où repoſer ſes affections, & qui ne pou-
vant ſe remplir de Dieu, ſe tourmente involon-
tairement par l'attrait irréſiſtible des créatures. En

proie aux follicitations de cet ange de Satan qui combat pour la chair contre l'efprit , ils portent des penfées diffipées & volages dans les fonctions les plus graves de leur miniftère. S'ils ont le bonheur de triompher de leurs fens , font-ils à l'abri des difcours publics ? Hélas ! les plus vertueux confondus fouvent dans l'opinion des mondains , avec ceux qui fcandalifent par leurs mœurs , ne peuvent pas faire tout le bien auquel la fainteté de leur état les appèlle. Leur célibat les rend fufpects dans les maifons des Citoyens , jaloufes de conferver des mœurs pures. On à peine à croire à une chafteté dont la profeffion eft fi commune & le mérite fi rare ; de façon que l'habit de Prêtre, qui ne devoit infpirer que la confiance, opere ordinairement un effet contraire : tant les gens du monde font difficiles à perfuader fur les vertus qui répugnent à la nature , & dont l'exercice , tout héroïque qu'il eft , leur devient indifférent , à proportion du peu d'avantages qu'ils en retirent.

Affociez vos Miniftres à tous vos droits , & vous y gagnerez de toutes manières. On fe flatte peut-être un peu légèrement d'avoir détruit cet efprit de corps tant reproché au Clergé, en déclarant que fes biens font à la difpofition de la Nation. Erreur ! l'ordre fubfifte tant qu'il eft diftingué du refte des Citoyens , dans une chofe auffi étrange qu'un célibat néceffaire. Que voulez-vous donc de plus pour entretenir une éternelle féparation. Si les pertes que cet Ordre vient d'effuyer , devoient nourrir dans fon fein une fecrette animofité , vous avez un moyen infaillible de la calmer, c'eft de lui permettre un lien capable d'adoucir & d'humanifer fes mœurs. Les flambeaux de la difcorde s'éclipferont à la lueur des chaftes feux du mariage, & les douceurs qui en font inféparables, étant communes à vos miniftres & à vous, le même lien réunira des Citoyens qui auront les mêmes objets d'affeɛion. Sans cela je ne prévois que des malheurs ; & le plus grand de tous feroit de laiffer fubfifter ce mur de féparation que la religion & l'intérêt focial doivent s'empreffer de détruire.

Je n'entrerai point dans les calculs politiques de l'augmentation des citoyens que ces nouveaux liens procureront à l'état. Cette confidération, toute importante qu'elle eft, n'eft pas ce qui doit toucher le plus dans le moment aɛuel. Il s'agit de rendre des infortunés aux devoir de la nature, & de faire expier aux fiècles paffés le tort des mauvaifes loix qui ont engendré de mauvaifes mœurs. Il s'agit de fubftituer à ces mœurs une union facrée dont les avantages fe préfentent en foule, & qui, chez tous les Peuples a fixé l'atten-tion des légiflateurs. Vouloir s'y fouftraire en cor-poration, c'eft contrarier la fageffe de leurs vues ; c'eft mettre en danger fes prop es mœurs, & porter une atteinte manifefté aux loix générales des Peuples.

Mais, dira-t-on, que deviendront les enfans iffus des nouveaux mariages ? Ils deviendront Citoyens comme leurs pères ; & la Providence qui n'abandonne point les petits des oifeaux, veill ra fur les enfans de fes Miniftres. D'ailleurs, quand il s'agit de remplir un devoir naturel, demande-t-on quelles en feront les fuites ? Une pareille confidé-ration feroit bien digne d'un Peuple qui compte-roit l'argent pour tout, & les mœurs pour rien.

Mais fait-on cette question aux pauvres habitans des campagnes qui dépendent de leur bras pour leur subsistance, & leur défend-on de s'unir, parce qu'ils doivent donner le jour à des enfans qui n'auront d'autre patrimoine que les bras qu'ils ont reçus de leurs pères ? Et depuis quand les inconvéniens d'un état naturel & nécessaire seroient ils mis en balance avec le grand objet de la régénération publique, & l'intérêt sacré de la religion & de la vertu ?

Mais l'intérêt des Ecclésiastiques eux-mêmes, se trouve joint ici à ceux de la société. S'ils sont dignes de la liberté que nous leur avons acquise, pourroient-ils voir sans étonnement des législateurs citoyens leur contester le droit d'avoir un état civil, un état que la loi ne refuse pas même au dernier des malheureux ? Ceux qui ne voudront pas goûter des douceurs d'un union sainte & légitime, seront libres de rester célibataires : mais les autres s'indigneroient avec raison contre une législation qui garderoit sur ce point un silence criminel, silence qu'elle ne peut rompre que pour accorder à tous ce que la loi n'a droit de refuser à personne. Quoi ! vous me dites que je suis citoyen, & vous m'empêchez d'user du droit de cité, & vous osez m'interdire un lien sacré, sans lequel la Cité même est dissoute ! barbares ! l'esclavage n'est pas un état pire que celui où vous me placez. Vous permettez au moins à l'esclave de suivre le penchant le plus doux de la nature, & vous ne me laissez que des vices pour dédommagement de la contrainte où vous me tenez ! Vous attaquez, tout à la fois, mon existence civile & morale, & vous détruisez, autant qu'il est en vous, les mœurs publiques dont je ne puis vous donner d'autre garant qu'une grace fur laquelle il eft impie de compter, & une vertu dont la foibleffe de mes fens ne peut vous répondre.

Ne faifons donc plus de nos Miniftres des athlètes toujours dans un état de combat, & toujours expofés au péril de la défaite. Qu'une expérience de quatorze fiècles nous corrige enfin de la préfomption que la politique, plus que la piété, s'étoit plu à former fur les vertus de leur état. Ce qui a été impoffible pendant une fi longue fuite d'années, fera-t-il plus praticable au tems où nous vivons? Ce feroit folie de le penfer. Effayons du feul moyen capable de rétablir la pureté des mœurs facerdotales, & ne foyons point affez aveugles, ou affez méchans pour penfer qu'un lien facré & béni de Dieu puiffe fouiller cet pureté.

OPINION

De M. GUEROULT, Professeur d'Éloquence,
au Collège des Grassins,

SUR LE MARIAGE DES PRÊTRES.

Je réduis la question à ces deux points :

Les Prêtres peuvent-ils se marier ?
Les Prêtres doivent-ils se marier ?

Ils le peuvent.

LE célibat n'est point une institution divine. On ne trouve ni dans l'ancien ni dans le nouveau Testament aucune loi qui oblige les Prêtres à le garder. Au contraire Moyse y avoit attaché l'infâmie, & Jésus-Christ semble l'avoir condamné en choisissant de préférence un homme marié, (Saint Pierre,) pour être après lui le Chef de son Eglise. Le mariage n'ayant été défendu aux Prêtres que par les hommes, les hommes peuvent leur en rendre la liberté. Ce droit est incontestable, & quand il seroit vrai que le célibat eût été ordonné aux Ecclésiastiques par tous les Conciles, observé par tous les Ministres de la Religion, le célibat étant contraire aux loix de la nature, à la pureté des mœurs, au bien de la société, la

Nation auroit encore le droit de l'abolir. Mais il est faux que les Prêtres aient toujours été célibataires. Il est faux que l'Eglise leur ait toujours interdit le mariage.

Les Prêtres n'ont pas toujours été célibataires. Il leur a été permis de garder leurs femmes.

Je ne mettrai point sous les yeux du Lecteur la liste très-longue des Ecclésiastiques mariés, & vivant avec leurs femmes. Ces exemples ne prouveroient peut-être pas assez que les Ecclésiastiques n'ont pas été dans tous les tems obligés au célibat. Les autorités auront plus de force. En voici de victorienses. Je commence par les plus anciennes.

1. Saint Paul écrit à Timothée , Ep. 1 , Ch. 3 , v. 2 , que l'Evêque soit mari d'une seule femme , & non pas qu'il *ait été mari* d'une seule femme.

2. Un Canon des Apôtres défend aux Evêques, aux Prêtres, aux Diacres de se séparer de leurs femmes sous prétexte de Religion ; & le même Canon porte qu'ils seront excommuniés , s'ils le font , déposés , s'ils persistent. *Episcopus , vel Presbyter , vel Diaconus unorem suam ne ejiciat religionis pretextu : sin ejecerit excommunicetur ; & si perseveret, deponatur.* Voyez l'Hist. des Conciles , t. I , p. 1.

3. Quelques Pères du Concile de Nicée convoqué par Constantin , en 325 , ayant proposé de défendre aux Prêtres d'avoir dorénavant aucun commerce avec leurs femmes. , Saint Paphnuce le

Martyr, Evêque de Thebes en Egypte, s'éleva fortement contre cette motion. Voici la traduction fidèle de quelques maximes de son difcours, telles qu'elles font rapportées en grec & en latin, par l'Hiftorien des Conciles, t. I, p. 423, & t. II, p. 788. *N'appefantiffez point le joug des Eccléfiaftiques. Le mariage eft honorable dans tous les états. N'offenfez point l'Églife en voulant être trop parfaits. Coucher avec fa femme, c'eft chafteté.* L'Hiftorien ajoute que l'autorité de cet homme *divin* impofa filence aux partifans du célibat, & que le Concile permit à chacun de faire ce qui lui fembleroit le plus convenable.

4. En 1075, Grégoire VII, dans un Concile tenu à Rome, avoit défendu le mariage aux Prêtres, fous des peines très-févères. Calixte II, en 1119, avoit renouvellé cette défenfe, & puni les infracteurs d'une manière terrible. Peu content de les excommunier, de les priver de leurs bénéfices, il avoit déclaré leurs enfans bâtards, & permis aux Seigneurs de s'emparer de ces êtres innocens, de les réduire en fervitude, de les vendre. Les menaces de Grégoire, & les exécutions de Calixte, n'ayant point foumis les eccléfiaftiques Anglois, un Légat leur fut envoyé pour compofer avec eux; tout ce qu'il put obtenir, ce fut que les Prêtres des Villes fe fépareroient de leurs femmes; les autres, qui peut-être avoient plus à craindre les fuites de l'oifiveté, ou qui fe voyoient moins de reffources, s'opiniâtrerent à les garder, & on leur en accorda la liberté. En 1130, Honorius II, qui croyoit les efprits plus dociles, chargea le Cardinal de Crême, d'achever

un ouvrage fi utile à la puiffance des Papes. Le Légat eut peu de fuccès. Un Concile tenu cinq ans après, remit au Roi l'exécution du canon contre le mariage ; le Roi n'ufa de fon pouvoir que pour rendre aux Prêtres la permiffion de vivre avec leurs femmes. Voyez Rapin Thoiras, hiftoire d'Angleterre, t. II. l. 6. & les effais fur Paris, t. II. p. 164.

En 1439, lorfque le Concile de Bâle eut dépofé le Pape Eugene IV, & nommé en fa place Amedée de Savoye, plufieurs Évêques ayant objecté que ce Prince avoit été marié, Œneas Sylvius Piccolomini, Secrétaire du Concile, & qui depuis fut Pape fous le nom de Pie II, foutint l'élection d'Amedée, par ces propres paroles : *Non folum qui uxorem habuit, fed uxorem habens poteft affumi.* Non feulement celui qui a été marié, mais celui qui l'eft, peut-être choifi. Queftions encyclopédiques, t. III. p. 83.

Je me bornerai à ces autorités, elles prouvent que les Eccléfiaftiques n'ont pas toujours été célibataires. Mais dira-t-on, il eft évident qu'on peut être dans les ordres facrés, & vivre avec fa femme ; en concluerez vous qu'on peut prendre une femme après avoir reçu les ordres facrés ? Je pourrois répondre que puifqu'un époux, fans être veuf, peut remplir le miniftère des autels, le mariage & la prêtrife ne font plus deux Sacremens incompatibles, & que des qu'il n'eft pas défendu de les réunir, il eft indifférent que l'on commence par l'un ou par l'autre ; mais je n'ai pas befoin de recourir à ce raifonnement pour demontrer que les Prêtres ont le droit de fe marier.

Le mariage n'a point été dans tous les tems
interdit aux Ecclésiastiques. Il leur a été
permis de prendre une femme.

1. Le IX canon du Concile d'Ancyre, *permet* expressément à ceux qu'on ordonne diacres & qui ne sont point mariés, de se marier dans la suite, & de remplir les fonctions Ecclésiastiques, pourvu qu'ils déclarent pendant l'ordination qu'ils veulent avoir une femme. Voici le texte ; *diaconi quicumque, cum ordinantur, si in ipsa ordinatione protestati sunt dicentes velle se habere uxores, hi postea, si ad nuptias venerint, maneant in ministerio.* Histoire des Conciles, l. 1. p. 277.

2. Le XII Concile de Latran, auquel assistèrent 412 Évêques, présidés par Innocent III, en 1215, ordonne dans son quizième canon, que les Prêtres qui se livrent à la débauche, dans les lieux où *le mariage leur est permis*, soient plus sévèrement punis que les autres. Voyez Rapin Thoiras, histoire d'Angleterre, t. II.

3. Le Concile de Trente avoit porté la loi du célibat, en 1563. En 1576, un édit enregistré au Parlement de Paris, déclare que les Prêtres ou Moines qui s'étoient mariés, ne pouvoient être inquiétés dans la suite, pour ce sujet, & que leurs enfans seroient regardés comme légitimes.

4. J'ajouterai un fait à ces autorités ; Angilbert étoit Prêtre, lorsqu'il épousa Berthe, fille de Charlemagne.

Charlemagne, il en eut deux enfans. Voyez la vie d'Angilbert, par Anfcher, un de fes fucceffeurs dans l'abbaye de St. Riquier.

Je paffe à la feconde queftion, les Prêtres doivent-ils fe marier? cette queftion eft de la plus grande importance, nulle peut-être ne mérite d'avantage d'occuper la fageffe de l'Affemblée nationale, c'eft-à-dire affez que je n'entreprendrai pas de la traiter dans toute fon étendue; je vais expofer feulement les raifons qui me décident en faveur de l'affirmative.

Ils le doivent.

1°. Ils obéiffent au Créateur, qui a dit à tous les hommes : croiffez & multipliez.

2°. Ils ferviront la religion, en donnant à l'églife des fujets fidèles & vertueux.

3°. Ils augmenteront légalement le nombre des Citoyens, & par conféquent les principales richeffes de l'état.

4°. Ils contribueront à rétablir les bonnes mœurs, fans lefquelles les meilleures loix font impuiffantes, & qui ne peuvent être pures où règne le célibat; cette derniere vérité n'a pas befoin d'être prouvée. Voici cependant un fait qu'il me paroit néceffaire de rapporter. La fodomie étoit peu connue en Angleterre avant l'inftitution du célibat eccléfiaftique; la politique ou la piété des Papes l'eut à peine établi, ce crime infame & deftructeur devint fi commun, qu'un Concile tenu à Londres, fe crut obligé de porter les peines les plus févères contre les coupables. Voyez Rapin-Thoiras, hiftoire d'Angleterre, t. II. l. 4.

D

J'ajouterai que nos poësies les plus licentieuses ont pour auteurs des célibataires. Tout le monde connoît la Pucelle de Voltaire, les Contes de Piron, l'épicurifme de l'Abbé de Chaulieu, les faletés de l'Abbé l'Attaignant, les ordures de l'Abbé Grécourt : le balai & la chandelle, ouvrages également impies & groffiers, font d'un Moine, engagé dans les ordres facrés.

5°. Ils deviendront Citoyens, l'égoïfte n'a point de patrie, tout célibataire eft égoïfte, & le Prêtre plus qu'aucun autre ; nul lien ne l'attache au bien public, le Prince & la Nation ne font rien pour lui, ainfi penfoit Charlemagne. Ce conquérant légiflateur en renouvellant dans fes capitulaires la défenfe déja faite à tout Séculier d'embraffer l'état eccléfiaftique fans un permiffion du Roi, ou du Juge, en expliqua le motif en ces termes : de peur que le fervice du Roi n'en fouffre. *Ne regale obfequium minuatur.* Effai fur Paris, t. II. p. 100.

Ces raifons, pour être développées, demanderoient un volume ; mais il fuffit de les préfenter aux bons efprits, ils en connoîtront toute la force, ils la feront fentir à ceux qui ont befoin qu'on les avertiffe de ce qu'ils doivent penfer, ils en accableront les efclaves & les défenfeurs des préjugés : l'ignorance niera la vérité qu'elle ne voit pas ; la mauvaife-foi détournera les yeux pour ne point l'appercevoir, le fanatifme la repouffera en jettant des cris de fureur ; mais tous les efforts des méchans, des fourbes & des fots feront impuiffants, la marche de la raifon n'eft jamais rétrograde, il faut enfin qu'elle arrive ; nous ne pouvons en douter, tous les abus feront réformés ; l'édifice du bonheur public sera posé sur la base des mœurs ; la sagesse de la Nation abolira cette loi qui leur est si funeste, cet immoral & impolitique célibat, fletri par, Moyse (1), puni honteusement à Lacédémone (2), si vil aux yeux des Romains, qu'il ôtoit le droit de rendre témoignage, ce célibat (3) enfin qui peut-être ne se fût point établi chez les peuples Chrétiens, si les Papes n'eussent jamais eu l'ambition de règner sur les Souverains.

---

(1) Les Loix de Moyse, selon tous les Rabins, retranchoient de la Congrégation d'Israël ceux qui ne se marioient pas à un certain âge.

(2) Les Loix de Lycurgue excluoient les célibataires des emplois civils & militaires. Tous les ans, le premier jour du printems, les femmes les fouëttoient publiquement devant la Statue de Junon.

(3) Avez-vous une femme ? demandoit d'abord le Censeur à ceux qui se présentoient pour tester.

OPINION

DE M. CROUZET, Profeſſeur de Belles-Lettres, au Collége de Montaigu.

L'HOMME a reçu la vie pour la tranſmettre ; c'eſt un dépôt que lui confia l'Etre ſuprême, en lui diſant : mortel, ne laiſſe pas périr le don que je te fais : en le remettant à d'autres, ce ſera me prouver que tu l'eſtimes, & me rémoigner ta re-connoiſſance. Peuple cet univers que j'ai formé pour ma gloire, remplis-le de créatures qui me béniſſent & qui chantent mes bienfaits. Voilà ce que dit l'Etre ſuprême à l'homme, & voici ce que l'homme dit à l'Etre ſuprême, lorſqu'il entre dans ſon Sanctuaire, pour ſe conſacrer au ſervice des Autels : Seigneur, je fais ſerment à la face de la terre, je jure en ta préſence, de laiſſer, autant qu'il eſt en moi, la race humaine rentrer dans le néant dont tu l'a tirée, de contribuer à la deſtruc-tion de ton plus bel ouvrage, & à changer en une ſolitude muette, le monument de ta ſageſſe éternelle, ce monde où tu nous a placés pour célé-brer ta puiſſance. Tel eſt au moins implicitement le vœu que forme le Prêtre aux pieds de l'Eternel, vœu contraire aux vues de la Divinité, & par-conſéquent indiſcret & téméraire.

En effet, fragiles comme nous le ſommes, qui

peut affez compter fur fes propres forces pour
ofer dire, qu'il triomphera toujours du penchant
le plus doux & le plus impérieux du cœur de
l'homme, qu'il refiftera fans ceffe à ce puiffant
befoin, fans lequel il n'exifterait pas lui-même?
Le jeune Eccléfiaftique égaré par un moment de
ferveur & d'enthoufiafme, s'imagine peut-être
immoler aux pieds des autels ce penchant prefqu'irréfiftible. On s'eft efforcé d'impofer filence à
fes defirs, & de le faire croire à la poffibilité de
ce facrifice. L'ombre, la retraite & l'auftérité des
Séminaires, les menaces ou les careffes d'un
fupérieur, ont effrayé ou endormi les paffions,
mais bientôt elles fe réveilleront plus fortes & plus
terribles dans le monde. C'eft alors qu'il faudra
lutter contre l'ennemi le plus redoutable, qui fe
fortifiera par fes défaites même, tandis que lui,
pauvre jeune homme, il s'affoiblira tous les jours
à force de victoires. On lui a dit qu'il étoit des
graces d'état, & que la religion le couvriroit de
fon égide. Mais la religion doit-elle donc fe liguer
avec nous contre la nature, & Dieu doit-il s'ar-
mer en notre faveur pour empêcher la reproduc-
tion de fon image?

On m'objectera fans doute qu'il eft de faints
Prêtres, dont le cœur & les mains ont toujours été
pures, qu'il eft de vrais martyrs de la chafteté
facerdotale. J'en conviens, & je leur rends l'hommage qu'ils méritent. Mais pour faire quelques
martyrs, faut-il expofer tant de malheureux au
danger toujours renaiffant de devenir parjures?
L'homme n'eft il pas environné d'un affez grand
nombre de piéges? A quoi bon lui en forger de
nouveaux? A quoi bon inventer de nouveaux

moyens de faillir, & multiplier autour de lui les précipices ? Enfin, pourquoi furcharger la foibleffe humaine dont l'auteur des chofes a marqué lui-même la mefure par les limites des devoirs qu'il nous impofe ? De-là ce ridicule qui réjaillit fur la plupart des Prêtres, parce qu'ils fe font donnés pour des anges, tandis qu'ils n'étoient que des hommes. C'eft ainfi qu'on les met en butte à tous les traits de la malignité, qu'ils deviennent fouvent des objets de dérifion & de fcandale, la proie de la médifance & quelquefois de la calomnie: Pourquoi font-ils fi peu refpectés ? C'eft qu'il eft prefqu'impoffible de les croire auffi refpectables qu'ils le veulent être : ils obtiendroient plus de confiance & de vénération, s'ils ne prétendoient pas s'élever au-deffus de l'humanité.

Mais je veux qu'ils foient tous fidèles à leur ferment & que jamais ils ne foient déchus de cette pureté fublime dont ils ont contracté la périlleufe obligation. Que fert d'outrer ainfi la perfection de l'homme ? puifqu'ils font faits pour être nos guides, n'eft-il pas plus raifonnable & plus utile qu'ils nous donnent l'exemple des vertus que nous devons exercer, qu'ils nous apprennent à être bons maris, bons pères, & qu'ils nous prêchent par leurs actions plutôt que par leurs paroles, les plus facrés de nos devoirs ? Leur morale pénétrera bien mieux dans nos cœurs, quand ils la mettront en pratique fous nos yeux, & leurs leçons feront plus perfuafives & plus efficaces, quand ils auront avec nous plus de rapports & qu'ils ne formeront plus une claffe d'hommes particulière. Un des plus grands inconveniens du célibat des Prêtres, c'eft qu'il les livre à la sécheresse & à la stérilité de l'égoïsme, en les détachant en quelque sorte de la chaîne sociale; c'est qu'il les concentre en eux-mêmes, & resserre leur ame dans les bornes étroites de l'intérêt personnel, en leur interdisant ces liens sacrés qui nous attachent à l'humanité, qui nous en font sentir les douceurs & les peines, qui nourrissent la tendresse & la sensibilité du cœur, & nous apprennent par notre propre expérience à compâtir aux souffrances de nos semblables; c'est qu'il les rends indifférens à la génération présente au milieu de laquelle il se font isolés en élevant un mur de séparation entre eux & la plus intéressante moitié de l'espèce humaine, qu'ils laissent, autant qu'il est en eux, languir dans la solitude & redemander vainement les secours & l'appui que la nature promettoit à sa foiblesse, c'est qu'il ne leur laisse qu'une triste & funeste insouciance sur le fort de la génération future, qui leur devient étrangère, puisqu'ils ne peuvent contribuer à son existence. Le père de famille ne travaille pas seulement pour lui seul, il est fans-cesse occupé du bonheur de sa postérité; sa vie entière n'est souvent qu'un sacrifice qu'il fait à la félicité, de ses enfans. Il plante, il sème, il bâtit pour eux, & c'est ainsi que les arts se perfectionnent & que la vie devient plus douce & plus commode à mesure que les générations se succedent. Par exemple, dans l'heureuse révolution qui vient de changer la face de la France, est-ce pour nous seuls que nous avons bravé les obstacles, affronté les périls, & que nous portons fur l'autel de la Patrie l'offrande d'une partie de nos biens? la plus part d'entre nous n'auront

eu que la peine de faire éclore & de cultiver
la liberté, c'eſt pour nos deſcendants que muriront
ſes fruits : & que ſont ces fruits aux Prêtres,
puiſqu'ils n'auront pas d'enfans ? Ils ne peuvent
ſe dire à eux-mêmes : eh biens ! ſi mes peines ſont
perdues pour moi, du moins elles ne le ſeront
pas pour ma poſtérité : elle jouira de mes travaux
& de mes ſacrifices, & comme dit le vieillard
de la Fontaine :

Cela même eſt un fuit que je goûte aujourd'hui.

Malheureux ! ils ſe flétriſſent dans leur inſipide
vieilleſſe, comme ces germes ſtériles qui trompent
l'eſpérance du Laboureur ; leurs cendres ne ſeront
point arroſées par les larmes de la tendreſſe &
de la reconnoiſſance filiale ; on paſſera ſur leur
tombe avec indifférence, ou s'il ont été vertueux,
ſi leurs bonnes œuvres nous rappellent leur ſouvenir, ce ſouvenir ſera mêlé d'amertume, &
nous regretterons qu'ils n'ayent pas laiſſé après
eux des héritiers de leurs vertus, des enfants
qui leur reſſemblent.

Perſonne cependant ne feroit plus propre à
donner à Dieu de fidèles adorateurs, à la Patrie
de bons Citoyens, que des hommes élevés pour
être plus parfaits & plus éclairés que les autres.
Leur famille ſagement gouvernée, feroit un objet
d'édification pour tous ceux qui les approcheroient.
Retenus au ſein de leur paroiſſe, par l'intérêt
qu'inſpire le lien conjugal, & par les tendres
ſoins de la paternité, ils n'iroient pas chercher
par-tout la diſſipation, & traîner de presbitères
en presbitères les ennuis qui les dévorent, & le

vide affreux d'un ame inquiéte, qui ne fait où
repofer fes affections. Leurs momens de loifirs
feroient employés à l'éducation de leurs enfans.
Ils fe verroient obligés, pour améliorer leur condition, de fe livrer à des occupations utiles & pour
eux & pour les autres, & compatibles avec les
fonctions de leur miniftère. Car, enfin, ils ne font
pas toujours aux pieds des Autels ; leurs bras ne
font pas toujours étendus vers les Cieux ; ils peuvent auffi s'abaiffer vers la terre, pour lui demander comme nous leur fubfiftance ; & leurs mains
devenues induftrieufes & confacrées par le travail
qui honore l'homme, en feroient-elles moins
agréables à la Divinité, lorfqu'ils lui porteroient
l'offrande de nos prières ? Ecartons & banniffons
à jamais les préjugés, ces antiques defpotes de
la France. Ramenons tous nos concitoyens, tous
nos frères à la véritable deftination de l'homme,
celle de féconder & de peupler la terre.

Que de vols la foule immenfe des Eccléfiaftiques n'a-t-elle pas faits au genre humain, depuis
que règne parmi nous cet ufage barbare qui les
condamne à la ftérilité ! il eft à préfumer qu'ils
auroient donné le jour à quelques hommes célè-
bres, dont les talens cultivés par leurs pères,
auroient contribué fans doute à propager les lumières, à faire avancer la raifon de quelques pas,
& à déchirer plutôt le voile de l'ignorance. Si
le père du grand Newton, fi celui de J. Jacques
euffent été célibataires, l'un n'auroit pas dévoilé
les fecrets de la Nature, l'autre n'eut pas appris à
l'homme quels font fes véritables droits. Si ceux
des Franklin & des Wafington euffent fait vœu

de continence, l'Amérique Septentrionale seroit peut-être encore esclave & malheureuse.

Si toutes ces raisons ne suffisoient pas pour opérer la conviction, il en est une que tous les vrais Citoyens, que tous les gens de bonne-foi trouveront sans réplique, c'est qu'au moment où il s'agit de régénérer autant qu'il est possible une Nation, & d'épurer ses mœurs, il faut en proscrire le célibat, ce fatal levain de corruption, qui se nourrit de séductions & de désordres, qui depuis longtems est en possession de jetter à pleines mains le ridicule sur l'engagement le plus sacré, qui se fait un jeu d'attenter aux plus saints nœuds de la société, & qui tend à sa dissolution & à la ruine de l'espèce humaine. Et comment le proscrirez-vous, si vous en faites une vertu, si vous le consacrez dans ceux qui doivent être nos modèles ? Est-ce un privilége, une exemption que vous leur accordez ? il n'en doit plus exister parmi nous. Est-ce un droit dont vous prétendez les dépouiller ? Nos sages Représentans ont remis l'homme en possession de tous ceux qu'il avoit perdus. Ils ont établi la liberté sur la base éternelle de la raison & de la nature. Il faut que toutes les chaînes tombent, & que tous les Français soient libres.

OBSERVATIONS

D'UN PRÊTRE

Sur le Célibat ecclésiastique.

En général, on ne doit prescrire à l'homme que des vertus appropriées à l'humanité. Le faire sortir du cercle de ces vertus, c'est l'exposer à perdre celles-ci sans atteindre aux autres ; c'est l'égarer hors de sa sphère : c'est le faire renoncer au *bien* pour un *mieux* inaccessible au plus grand nombre. Saint Paul, dans son Épître aux Corinthiens, fait l'éloge du célibat, mais voyant mieux qu'un autre tous les écueils dont il est environné, s'il le conseille à tous, il ne le prescrit à personne. Il a toujours peur qu'on ne prenne pour un ordre de sa part, ce qui n'est qu'une simple exhortation dans sa bouche. *Ce que je vous dis ici, c'est par indulgence & non pour vous commander*, chap. 7, ⅴ. 6, & ne croyez pas qu'il soit plus sévère à l'égard des Pasteurs. Les plus judicieux interprètes conviennent qu'il ne leur défend que le concubinage & la pluralité des femmes. Saint Paul connoissoit le cœur humain, il savoit que la continence perpétuelle contrariant la plus impérieuse, comme la plus légitime de toutes les inclinations, l'homme ne peut être élevé à cette vertu d'un ordre supélieur que par un effet de cette grace que Dieu ne prodigue jamais, qu'il retire souvent aux ames qu'il en a privilégiées, & qu'en dernière analyse, ordonner des vertus surnaturelles à l'homme, c'est commander des miracles à Dieu. (1)

Heureusement, la raison publique, devenue aujourd'hui la force & le génie de la France, réclame de toutes parts l'abolition du vice que je combats. Qu'est ce en effet que le célibat dans l'ordre de la nature ? C'est la frustration de son espérance la plus chère, la violation de son vœu le plus constant, la transgression de sa loi la plus universelle ; c'est une exception absurde & choquante. Qu'est-ce que le célibataire à l'égard du corps politique ? Ce qu'est une branche morte à l'égard de cet arbre ; elle l'appauvrit & l'attriste ; ce qu'est une superfétation oiseuse sur le corps humain ; elle le dépare & le fait languir. Qu'est-ce que le célibataire à l'égard de lui-même ? Le triste ennemi de son bonheur, puisqu'on ne peut être véritablement heureux sur la terre qu'en y rem-

---

(1) Au Concile de Trente, l'Ambassadeur de Bavière fit un Discours très-long & très-libre, disant que les Magistrats & la Police de son pays ne souffroient point de citoyens concubinaires, & que néanmoins ce vice étoit si général dans le Clergé, que de cent Prêtres, il s'en trouvoit à peine trois ou quatre qui ne vécussent en concubinage, ou en mariage clandestin ou public. Il demanda le mariage des Prêtres, comme une chose sans quoi la réformation du Clergé présent étoit impossible, alléguant que le célibat n'est point de droit divin, & que d'ailleurs les bons Catholiques en Allemagne préféroient un mariage chaste à un célibat impur. Les Ambassadeurs de l'Empereur & ceux de France appuyèrent sa demande. (*Fra-Paolo, Hist. du Concile de Trente.*)

pliffant fa deftination. Voyez quel eft le crime de l'homme voué à la continence perpétuelle. Quand l'Etre des êtres qui féconda le néant & enfanta des milliers de mondes , répète fans cefse le prodige de la création; quand les peuples végétaux fe reproduifent pour perpétuer la parure de la terre , & fa richefse toujours renaiffante; quand l'oifeau dans les bocages , la panthère dans les déferts & au fond des abymes humides, les hôtes innombrables de l'Océan , obéiffent en treffaillant à la voix de l'Eternel qui leur ordonne de croître & de communiquer l'étincelle de la vie , le célibataire feul ofe refter oifif parmi l'activité féconde de tous les êtres : au milieu des hymnes de la volupté & de la reconnoiffance, il s'ifole triftement , il devient d'avance le tombeau de fa poftérité , & autant qu'il eft en lui, anéantit la fociété qui lui donna l'exiftence. M. Thouret a donc eu raifon de dire que le Clergé n'a rien de naturel. L'homme du Clergé eft, en effet, hors de la nature, hors de la fociété, hors de la condition humaine. Qu'il n'allègue pas la légitimité d'un engagement facré & une perfection imaginaire. La perfection de l'homme eft dans l'exercice le plus utile de fes facultés phyfiques & morales. Elle confifte à fuivre les confeils de la nature , fagement interprêtés par la raifon. (1) Toutes les

---

(1) Quelques perfonnes ne manqueront pas de m'objecter l'autorité de l'Eglife & l'antiquité du célibat Eccléfiaftique. J'ai déjà répondu & je répondrai encore à la premiere objection. Quand à la dernière, j'ofe penfer que l'antiquité d'un abus ne le rend pas plus refpectable. Dans les objets de la foi, toute innovation feroit fans doute une erreur; en toute autre ma-

fois que Dieu se tait hors de nous sur nos devoirs, il s'explique au-dedans par la voix de la raison & de la conscience. Leur résister alors, c'est résister à Dieu même. Le célibataire par système n'est plus dès-lors qu'un être dépravé, qu'un mandataire infidèle, qu'un monstre, en un mot, puisqu'on ne sauroit le ranger dans aucune classe parmi les êtres. Que des hommes qui n'ont à offrir à l'hymen qu'une organisation foible ou de repoussantes difformités se condamnent au célibat, c'est une déplorable nécessité dont il faut accuser la nature. Tous les arbustes d'une pépinière ne sont pas doués d'une égale vigueur, & la nature qui produit à ses erreurs comme l'art qui l'imite. Mais que des citoyens sur qui elle avoit manifesté ses vues par la plus heureuse conformation, trompent sa plus chère espérance, qu'ils abdiquent leur humanité par un vœu solemnel, qu'ils soient fiers après de leur nullité, & de l'aliénation insensée du premier de leurs priviléges, en vérité cette orgueilleuse dégradation doit indigner à la fois Dieu & les hommes ; cette castration morale est aussi révoltante aux yeux du philosophe que l'indigne mutilation exercée en Asie sur les gardiens impuissans d'un serrail efféminé, & en Italie, sur les malheureuses victimes de l'art musical.

---

tière, je ne connois rien de plus absurde que cette manière d'argumenter. La tyrannie des faits n'a pas été la moins cruelle de toutes. Ne cherchons plus notre devoir dans l'histoire, il est dans notre raison. Consultons la raison d'autrui, mais soyons-en les juges & non les esclaves. Où en serions-nous si l'Assemblée Nationale n'avoit suivi d'autre guide que les Etats de 1614?

Ah ! écartons de nos lèvres tous les vœux tyranniques. Les chaînes impofées par la nature, la religion & les loix, ne fuffifent-elles point à notre foibleffe téméraire, & notre hommage, pour être libre, en feroit-il moins agréable à la Divinité ? Que ce jeune homme mélancolique embraffe le célibat, puifque fon dépit ou fon inclination l'y déterminent, mais qu'il l'obferve fans contrainte. Que fi la liberté eft un fardeau pour lui, & s'il faut abfolument un lien à fon cœur pufillanime, hommes, qui que vous foyez, retirez-vous, laiffez-le contracter tête-à-tête avec la Divinité, & qu'il foit tout feul le garant de fa promeffe. Et quel feroit le titre de votre intervention ? Qui vous a chargés d'être fa caution auprès de l'Etre fuprême ? Il faut le dire & le répéter, aucune puiffance terreftre ne peut enchaîner un être raifonnable par la loi du célibat. D'après la maxime inconteftable que l'Eglife eft dans l'Etat & non l'Etat dans l'Eglife, le Clergé ne peut point impofer cette loi à fes membres. Elle nuit à la fociété fans intéreffer la Religion. De plus, toute loi qui heurte de front le droit naturel, eft nulle effentiellement, & ne lie perfonne, même en confcience. L'Etat ne peut pas davantage fanctionner cette Loi. Peut-il être abfurde à fon préjudice ? Peut-il légitimer ce que l'Eglife n'a pas eu le droit de faire ? L'Etat doit fans doute refpecter la Religion qu'il a adoptée ; mais par-tout où elle ne lui fait point la loi, il ne doit confulter que la raifon & l'intérêt de la chofe publique. Le Légiflateur politique ne diftingue point des Prêtres, des Nobles, des Roturiers, il ne voit & ne doit voir que des

Citoyens! Il n'a point de compétence dans l'autre monde, & s'il a le droit de s'occuper encore une fois du vœu de chasteté, c'est pour briser le lien civil qui le rend irrévocable. Le célibat religieux ne peut donc être une vertu aux yeux des Gouvernemens. La continence considérée par rapport a l'homme bien constitué qui la pratique, ne peut être admirée par l'homme d'état que comme un chef-d'œuvre de difficulté vaincue, un véritable tour de force; mais s'il la considère dans ses effets, il ne doit voir en elle qu'un vice monstrueux, & dans celui qui la pratique, qu'un ennemi de la société. Quel renversement d'ordre & de droits ! Dans l'institution du célibat, l'autorité spirituelle fit une loi politique, & l'autorité temporelle fit une loi de religion. Les barbares ! ils dovoient paralyser la pensée dans le cerveau, & empêcher pareillement la génération des idées ! Mais voyons quel a été l'effet de cette ligue absurde des deux autorités contre les droits imprescriptibles de l'homme.

On reproche au Clergé bien des vices que la malignité exagère encore avec complaisance. Mais l'oisiveté, l'avarice, l'égoïsme dont on l'accuse, ne sont-ils pas les vices du célibat ? » L'expérience fait voir, dit Burlamaqui, que, » toutes choses d'ailleurs égales, ceux qui sont » peres de plusieurs enfans, sont de beaucoup » meilleurs Citoyens que ceux qui vivent dans » le célibat. C'est que les premiers tiennent à » la société par beaucoup plus de liens. C'est » proprement ici une extension de l'amour-propre. » Aussi a-t-on remarqué que ces hommes disgra- » ciés de la nature, qui sont, pour ainsi dire,

morts

» morts au moment de leur naiſſance, ſont de
» tous les mortels les plus inſouciables ; gens durs
» & cruels, incapables de compaſſion, & inac-
» ceſſibles à la pitié. » Légiſlateurs inconſéquens,
c'eſt donc vous-mêmes, ce ſont vos abſurdes
inſtitutions qui pervertiſſent les hommes. Si les
mœurs du Clergé ſont trop ſouvent le ſcandale
de la Religion, l'immoralité n'eſt-elle pas plutôt
dans la loi qui les néceſſite ? N'eſt-ce pas cette
loi impolitique & barbare, qui place l'Eccléſiaſtique entre une dure inſenſibilité & le parjure,
la fornication ou l'adultère ? Ce n'eſt donc plus
que par un crime qu'il peut retourner à la nature !
Auſſi combien d'Eccléſiaſtiques euſſent été bons
Prêtres & bons Citoyens, ſi cette loi abuſive ne
les eût empêchés d'être l'un & l'autre ? De combien
de femmes charmantes n'a-t-elle point flétri le
bonheur & les vertus ? Combien de Citoyens ſen-
ſibles & timorés fuyent tous les jours un engagement redoutable qui les auroit ſéparés des plus
douces affections, tandis que des intrus ambitieux, des jeunes gens ſans retenue, dont une
ſpéculation de famille a dès l'enfance déterminé
la vocation, portent à l'Autel un pied téméraire !
Ils ſavent bien qu'ils trouveront dans le libertinage un dédommagement à leur ſacrifice. Quel
fléau pour les mœurs qu'un pareil engagement,
quand l'homme vertueux craint de le contracter,
& que l'homme vicieux ne craint pas de l'enfrein-
dre ! Quel nom donner à une loi dont l'obſervation
eſt un vice politique, & dont la violation eſt un
vice moral & politique tout enſemble ? Ajoutez
à ces inconvéniens qu'un homme qui ſe voue
au célibat, y condamne en même-tems une per-

sonne de l'autre sexe. Ainsi un seul sacrifice frappe toujours deux victimes. Quand Fenelon eut prononcé ce vœu fatal qui dut tant coûter à son ame sensible, quelle perte immense pour l'infortunée qui pouvoit espérer d'être son epouse!

Il est donc vrai que cette bizarre institution ne produit aucun bien, & qu'elle fait beaucoup de mal. En vain s'efforceroit-on de la rendre plus respectable par l'idée d'une plus grande perfection. Cette perfection doit être la vertu libre d'un cœur prévenu du secours de la grace, & non la vertu d'un esclave (1) contrainte par des loix, & soutenue par des bayonnettes. Qui êtes-vous, ô hommes, pour forcer vos semblables à un sacrifice que Dieu n'a exigé d'aucun mortel? L'expérience ne vous a-t-elle pas encore assez prouvé l'illusion de votre tyrannie? Insensés! vous pouvez bien pervertir les sentimens de la nature, mais vous ne parviendrez jamais à les étouffer. Tel est le sort des loix vicieuses, elles sont éludées, & l'infracteur tire de leur absurdité sa justification ou son excuse.

La Loi du célibat doit donc être mise au rang

___

(1) Vous m'objecterez que les Ecclésiastiques ont promis solemnellement de garder la continence, & qu'ils l'ont promis à un âge où ils devoient connoître l'importance de leur engagement. Cette objection est des plus frivoles. Les Prêtres ne se sont voués au célibat que parce que vous en avez fait une condition *sine quâ non* de leur admission au sacerdoce; mais si vous n'aviez pas le droit d'y apposer cette condition, que devient leur engagement? d'ailleurs, ils ne peuvent pas se dépouiller d'un droit dont la nature les a inséparablement investis. Le droit de conserver sa vie n'est pas plus inaliénable que celui de la transmettre.

de ces abus que la raison dénonce, & que la Nation doit se hâter de déraciner. Que son abolition s'effectue, la réforme du Clergé va s'opérer d'elle-même. Les affections de l'Ecclésiastique *concentrées dans l'abjection* du *moi* humain, vont se déployer hors de lui, & s'étendre sur la société entière. Il y prendra la place que lui avoit assigné la nature. Étonné d'abord, attendri ensuite de ses nouvelles relations, il ne voudra plus être le spectateur insensible des destinées de sa patrie. Il y attachera les siennes. Son ministère qu'il aimera davantage depuis qu'il lui aura permis d'être Citoyen, imprimera à sa morale je ne sais quoi de plus onctueux & de plus aimable. Les vérités pratiques, les vertus usuelles, celles de tous les jours, de tous les instans, feront ses sujets de prédilection ; il les retracera dans ses mœurs, & quand il aura, comme ses compatriotes, cédé une portion de sa fortune aux besoins de l'Etat, il se croira obligé à une plus forte contribution de vertus, de talens & d'exemples. Loin de se croire souillé par les devoirs de l'hymen, il les regardera comme des actes de patriotisme & de religion. Donner des Citoyens à l'Etat, n'est-ce pas en effet gagner des ames à Dieu, n'est-ce pas déja lui faire des prosélytes ? Il sera Ministre plus vertueux, parce qu'il sera Citoyen plus sensible. Qui sera époux plus fidèle, père plus tendre, ami plus discret & plus affectueux ? Le soin de son troupeau, l'éducation de ses enfans, les occupations touchantes de l'agriculture, tous les amusemens utiles, tous les goûts innocens germeront à la fois dans son ame, & se partageront ses journées. C'est ainsi que des hommes accusés d'avoir dépravé les mœurs, pourroient contribuer à leur restauration. Croit-on qu'un certain nombre de ménages heureux par les vertus civiles & religieuses dont ils offriroient le tableau édifiant, n'imposeroit pas au libertinage du siècle ? Pense-t-on que l'éloquence attirante de tant de bons exemples, n'engageroit personnne à les imiter & à se convertir à la Religion & à la Patrie ? Alors l'Eglise ne se recruteroit plus d'intrigans ambitieux, ou du rebut des familles indigentes. La pénurie de sujets ne forceroit plus les Evêques à faire des choix indignes ou équivoques. Des hommes opulens, des aînés de famille ne s'éloigneroient plus de l'état de la société où l'on peut faire le plus de bien, de l'état le plus honorable aux yeux de la raison même. « Si la loi du célibat étoit abolie, » a dit un Auteur moderne, les Ecclésiastiques » seroient les plus heureux des mortels. Ils au- » roient les femmes les plus vertueuses, les mieux » élevées. Cent Villes bâties en France par ce » nouveau peuple seroient presque aussi tôt peu- » plées de Citoyens éclairés & laborieux. »

Vous ne négligerez point ce projet vraiment digne de votre sagesse, ô vous dont les hautes destinées font de créer celles de notre Empire. Graces à votre courage si énergique, même dans sa patience, la liberté de l'homme va devenir immuable comme ses droits, éternelle comme notre reconnoissance. Toutes les erreurs antiques disparoissent devant votre raison, toutes les tyrannies devant votre force. Le monstre du célibat pourroit-il donc résister à ce double ascendant de vos lumières & de votre puissance ? Quand vous déclarez à tous les François qu'ils ne dépendent plus que de la loi, une classe intéressante de Citoyens resteroit-elle asservie à une opinion funeste que vous auriez consacrée ? Vous avez restitué ses droits à la nature : pourriez-vous bien vous contrarier vous-mêmes en laissant subsister une loi qui les contredit ? Vous qui voulez rendre son lustre à la religion, & aux mœurs publiques leur antique pureté, pourriez-vous bien protéger un abus qui déshonore la Religion en corrompant les mœurs publiques ? Vous demandez à tous les Citoyens une égale contribution aux besoins de la France ; pourquoi, par une exception bizarre & pernicieuse, le Clergé seroit-il dispensé de la plus indispensable des contributions, celle qui consiste à donner des Citoyens à la Patrie ? Enfin vous voulez arracher à la servitude ces hommes infortunés que la nature a séparés de notre globe, & qu'une cupidité barbare a trop long-tems séparés de notre espèce ; pourrez-vous de la même main qui signera leur délivrance, reforger les fers de vos amis, de vos parens, de vos frères ? Ah ! repoussons la crainte d'une aussi monstrueuse contradiction. Puisque vous avez mis les droits de l'homme (1) sous la sauve-garde de votre équité ;

_____

(1) L'Assembée Nationale a déclaré expressément que le but de toute association politique est la conservation des droits naturels & imprescriptibles de l'homme, que ces droits sont la liberté, la propriété, la sûreté & la résistance à l'oppression. (Art. 2 des droits de l'homme.)

Que la liberté consiste à faire tout ce qui ne nuit pas à autrui. (Art. 4)

Que la loi n'a le droit de défendre que les actions nuisibles aux autres. (Art. 5.)

puifqu'il eft vrai que vous avez déclaré fa liberté
inaliénable, les fers des Eccléfiaftiques féculiers
tomberont comme ceux des Religieux, & le Dieu
des François ne fera déformais fervi que par des
hommes libres. Tous les inconvéniens politiques (1) attachés au mariage des Prêtres fe font
évanouis avec leurs propriétés. Rien ne peut donc
vous faire obftacle. Rendez le Prêtre à la nature,
à la fociété, à la religion, à lui-même. Le préjugé
en expirant, pouffera des plaintes & des murmures.
la fuperftition & l'ignorance vous accuferont de
fapper la Religion de l'Etat, mais l'explofion de
l'applaudiffement général abforbera leurs clameurs
impuiffantes, & vous n'entendrez bientôt que le
concert de l'admiration de l'Europe, unie aux
bénédictions de la France entière.

____

(1) Il en refteroit bien quelques-uns, mais ils feroient nuls,
comparés avec ceux qu'entraîne le célibat.

OPINION

D'UN CITOYEN DU DISTRICT,

Jointe aux Opinions précédentes.

MESSIEURS,

Dans notre dernière Assemblée, il fut question des Prêtres, relativement à leurs gardes ; un honnête Citoyen fit une Motion que pour les rendre militaires comme nous, il falloit anéantir le célibat ; afin qu'ils foient dans la claffe des bons Patriotes, comme pères de familles & bons Citoyens que l'efprit d'intérêt & de corps a toujours écartés.

Nous avons apperçu, Meffieurs, que par contre-coup, cela produiroit un grand bien pour les mœurs & la religion, dont le dogme doit être refpecté de tous les fages, & reçu de tous les Chrétiens ; mais que quant à la difcipline, elle peut varier fuivant les circonftances.

Le célibat des Prêtres, qui n'en ont pas la grace, a des fuites, vis-à-vis le Peuple, de la plus grande conféquence ; le mariage, eft la condition naturelle de tous les hommes ; ce font des exceptions à la règle, quand on s'en difpenfe ;

E 4

ils n'y a que très-peu de personnes, qui puissent se flatter de combattre & dompter la nature pendant leur vie ; les graces surnaturelles ne font pas pour tous ; elles sont un don du Ciel, réservé à un très-petit nombre ; l'expérience fatale de tous les tems l'a fait voir.

Le Prêtre qui a brisé un vœu qu'il croit sacré, franchit sans beaucoup délibérer les barrieres de la délicatesse ; & son ame ébranlée par ce dangereux essai, dépasse celles de la vertu ; c'est ainsi qu'il devient un hypocrite insigne ou un libertin, & le tort qu'il dit n'être que pour lui seul, se répand sur les victimes de ses passions, & sur ceux qui sont frappé du scandale qu'a donné le mauvais exemple de sa conduite : s'il est châtié, il en est quitte pour quelque tems de Séminaire, pour avoir entraîné une foule innombrable de Citoyens dans un labyrinthe d'erreurs & de précipices.

Ne vous y trompez-pas, Messieurs ; les trois quarts se font trompés sur leur vocation ; ils se font destinés à l'état ecclésiastique sans fortune & sans talens, parce que l'Eglise leur présentoit les moyens de vivre dans l'oisiveté & la mollesse ; pétris d'orgueil & d'ambition, ils espéroient arriver aux honneurs & à la fortune, mais le tems est passé.

Le Prêtre marié a infiniment d'avantages pour le bien de la religion ; rien ne peut le distraire des fonctions de son ministere ; ses affaires temporelles ne les lui font point abandonner ; le tems qui lui reste se divise dans sa famille, entre sa femme & ses enfans ; il demeure constamment au milieu de son troupeau pour le veiller avec exactitude, & être à portée de lui administrer tous les secours qui dépendent de lui ; il édifie doublement ; sa charité

s'étend & se multiplie par toutes les branches dont
il est le tronc. Sa femme & ses enfans doivent faire
connoître qu'ils appartiennent à un Pasteur de
l'Eglise.

L'avantage de ce Prêtre marié au tribunal de la
Pénitence, est qu'il peut donner sans inconvéniens
des conseils salutaires à une fille ou à une femme
qui se trouve en perplexité. Que peut lui dire le
jeune Prêtre comme nous en voyons ici, qui ne
doit rien connoître du cas dont il s'agit, qui n'a
point de grace surnaturelle ? la Pénitente l'instrui-
ra-t-elle, ou si mutuellement ils s'instruiront ?
Quelle crise terrible pour deux jeunes personnes,
également tourmentées par la nature ! Je défie
que l'on puisse concilier la compétence d'un tel
Juges avec le bon sens & la raison.

D'un autre côté, on expose les ames à la pro-
fanation des plus saints Mystères. Une femme
modeste & de bonne-foi, accusera plutôt sa foiblesse à un père de famille, qu'elle sait devoir moins
étonner, & qui peut lui donner les consolations
qu'elle espère de ses remontrances & de ses bons
conseils.

Dans les pays non catholiques, où les Prêtres
se marient, l'on voit toujours un bon exemple ; le
scandale de leur part est très-rare : il est bien moins
dangereux pour le Peuple, que celui des Prêtres
de notre Communion, qui semblent avoir fait
vœu de renoncer aux femmes, & qui prêchent
la continence : leur conduite a toujours influé sur
l'esprit des peuples qui les ont pris pour modèles.

La fameuse question du Mariage des Prêtres fut
proposée au Concile de Trente. — Le motif fut
le même qu'aujourd'hui, c'est-à-dire, que le

célibat est un état extraordinaire dont très-peu de personnes sont capables. — Le Pape Pie II a dit que pour de bonnes causes, l'Eglise avoit défendu le mariage aux Prêtres occidentaux ; mais que pour de meilleures raisons & bien plus fortes, il le leur falloit permettre. Voyez à l'Histoire du Concile de Trente, la remontrance des Théologiens Catholiques d'Allemagne , qui prouve que la Sainte Ecriture du vieux & du nouveau Testament ne s'oppose point aux mariage des Prêtres, & qu'au contraire les Apôtres étoient mariés. Cette questions a restée indéfinie, rapport que le Pape auroit perdu le profit des résignations. Tous les Conciles néahmoins ont été d'accord que le célibat des Prêtres n'est point tenu par raison de vœux, tels que ceux de la profession religieuse, ni par aucune Constitution ecclésiastique ; ni par tradition apostolique, puisque les Apôtres étoient mariés ; il n'est pas même de discipline, puisqu'aucune autorité n'a prononcé sur cette question. Elle peut être examinée par les politiques, sous les points de vue de l'intérêt des Nations ; le bien de la religion & le bonheur de tous les Chrétiens.

Nous devons donc demander à l'Assemblée Nationale de trancher la question sur le célibat des Prêtres pour le bien de la morale & des mœurs.

RÊFLEXIONS

PRISES

D'un Ecrit de M. HUGOU DE BASSVILLE,

INTITULÉ:

LE CRI DE LA NATION A SES PAIRS, *ou* RENDONS LES PRÊTRES CITOYENS.

QUOI! dans ces tems où l'énergie de la liberté va développer les talens, faire des héros & des sages, où le François a contracté aux yeux de l'univers, l'heureuse obligation des vertus, par la sanction d'homme, de citoyen libre, nos prêtres seuls ne seroient ni citoyens, ni libres! Au sein même de la liberté, ils seroient privés de ce premier don de la nature, de ce premier bienfait de la société! ils auroient encore le droit de nous faire ce cruel reproche, s'il n'étoit plus humiliant de nous le faire à nous mêmes! Etres déja malheureux, parce qu'on les a isolés, nous les ferions plus malheureux encore par la perte de leur droit de cité, par celle de leur liberté, & leur triste destinée seroit toujours celle de vivre sans appui, & de mourir sans consolation!.....

Enfin, les Prêtres ne tiennent point à la société

par le premier, par le plus refpectable des liens ;
il n'y tiennent par aucun lien. — Le célibat eft
une ingratitude monftrueufe envers le créateur,
le reproche tacite de ce qu'il nous a donné l'e-
xiftence, le mépris des décrets de fa divine providence, le renverfement de l'ordre admirable
qu'il a établi entre les générations des hommes
& la durée des nations ; c'eft l'infraction des lois
de la nature & de celles de la religion, uu coupable égoïfme, une lâcheté criminelle, une
double injuftice qui, dans les victimes d'un feul
fèxe, frappe autant d'individus de l'autre : le
célibat eft un état de mort ; il attaque, il arrête
les générations dans leurs cours, & les plonge
dans l'éternel oubli. L'exiftence du célibataire
eft muette, vicieufe, ifolée & précaire : ce n'eft
qu'une demi-exiftence ; le célibataire eft mort
avant de ceffer de vivre : être malheureux, dont
l'ame ne s'eft jamais épanouie au doux nom, au
tendre fentiment d'époux & de père, fes goûts
ne font que menfonges, qu'infidélités, fes jouif-
fances font inquiètes, tronquées, frauduleufes ;
être hautain qui a cru fe fuffire à lui même, trop
amateur de foi pour s'être jamais attaché à perfonne, les délices du cœur lui font inconnues ;
il eft loin du bonheur ; pour en avoir pourfuivi
la fatiété, il fera condamné à végéter dans l'ennui,
dans l'inutilité, jufqu'à ce que la maladie ou le
déclin de l'âge viennent enfin l'avertir de fon
erreur, & lui caufer des regrets inutiles, parce
qu'ils feront trop tardifs. Le célibataire n'a eu des
fentimens fixes pour perfonne ; perfonne n'en
aura pour lui ; il n'infpirera ni intérêt, ni com-
mifération ; les fecours lui feront ménagés, re-

prochés, refufés dans le tems qu'il en aura le plus
grand befoin : bientôt la nature & la fociété qu'il
a trompées reprendront leurs droits, & le repouf-
feront de concert : le célibataire eft un poids
inutile fur la terre ; fa place ne peut être occupée
trop-tôt, puifqu'elle a été fi mal occupée.

Et c'eft à cet état de honte & d'aviliffement
que vous réduifez nos Prêtres ! vous n'avez pas
voulu qu'ils fuffent citoyens ; vous ne voulez
même pas qu'ils foient hommes..... jetez les
yeux fur les états les plus floriffans de l'Europe ;
voyez leurs Prêtres-citoyens : ils font bons patriotes, bons amis, époux fidèles, tendres pères ;
ils font le modèle des époux, l'exemple des
pères, & ils font en cette double qualité les
pafteurs du troupeau, fous les rapports les plus
effentiels à la fociété : nous ferions nous-mêmes
meilleurs citoyens, meilleurs époux, meilleurs
pères, fi nous avions les mêmes modèles dans
nos Prêtres : l'exemple d'un citoyen parle au cœur
d'un citoyen ; l'exemple d'un époux convertit
un autre époux. Le miniftère du Prêtre célibataire eft puéril & rétréci ; fon exemple n'inftruit
que les enfans : celui du Prêtre citoyen eft feul
utile à tous les membres de la fociété. Il dit au
citoyen : Soyez bon patriote, ami fincère comme
moi. Il dit à l'époux : Ceffez d'errer dans les
fentiers pénibles & ruineux de l'inconftance ; l'Etre
fuprême a mis dans votre union un tréfor infini
de délices & de confolations : ceffez de vous
déshonorer par le parjure, par l'infidélité, &
devenez enfin époux fidèle comme moi, &c. Ce
miniftère eft grand ; il parle à tous les citoyens,
il les touche, il les entraîne, il perfectionne la

société par la voie la plus sûre, celle de la perfection & du bon exemple.

O mes concitoyens, que je vous plains ! vous êtes bons, & vous voulez devenir meilleurs ; ce n'est point votre faute si vous ne l'êtes pas : réformez votre clergé, faites vos Prêtres citoyens & époux ; exigez d'eux qu'ils vous donnent l'exemple des vertus sociales : ils vous le doivent ; & qu'enfin ils remplissent la partie essentielle de leur ministère, celle qui instruit directement la société, qui la perfectionne par le bon exemple : bientôt vous serez meilleurs patriotes ; époux chéris & respectés, le bonheur sera dans vos familles, & la prospérité dans l'État : c'est le célibat qui en a été jusqu'ici le fléau & la perte, c'est lui qui le premier y a introduit l'infraction des lois & tous les genres d'excès qui nous ont jetés dans le dédale odieux des exceptions & des privilèges ; il a été dans tous les tems la honte, le scandale du clergé, & aujourd'hui il anéantit ses victimes sous le poids du mépris; suite nécessaire du scandale : c'est un fantôme de perfection, mais un monstre réel d'injustice qui a osé changer les mœurs des premiers prêtres & des patriarches, & qui contrarie celles de tous les prêtres de l'univers ; c'est un enfant d'orgueil qui n'a été caressé au concile de Trente par les jeunes Prêtres, qu'au mépris du jugement, plein de sagesse, des anciens Pères de ce Concile ; c'est enfin une tyrannie qui n'a été imaginée que dans les vues de conserver les biens de l'Eglise : heureusement ce motif n'a plus lieu en France, & le célibat des Prêtres ne peut point y avoir le plus léger prétexte.

LETTRE

ÉCRITE

A L'AUTEUR DE LA MOTION.

Londres 25 Janvier 1790.

MONSIEUR,

GRACES éternelles vous soient rendues de ce que vous avez eu le premier la noble hardiesse de faire la Motion : *qu'il soit permis aux Prêtres de se marier.* Vous êtes , Monsieur , le véritable apôtre des bonnes mœurs. Votre nom sera inscrit avec distinction dans l'histoire de la mémorable Révolution qui s'opère en France. Vous avez attaqué ouvertement un vœu aussi ridicule qu'indiscret. L'on voudroit inutilement calculer tous les maux qui s'en sont suivis jusqu'à ce jour. Je lis avec plaisir qu'aucun des Ecclésiastques de votre District, qui sont en grand nombre, n'a réclamé contre votre Motion. Hé! quel homme sensé peut aujourd'hui persévérer dans la croyance que le vœu de chasteté est agréable à Dieu! Les Ecclésiastiques des autres Districts ne réclameroient pas davantage, fi un d'entre eux avoit le courage de faire la même Motion. Il en eſt pluſieurs que probablement vous connoiſſez, qui ne defirent pas moins de voir le Clergé jouir du plus précieux des droits de l'homme, mais la honte, d'autres confidérations, peut-être, les empêchent d'élever la voix pour le demander. Votre gloire feroit complette, Monſieur, ſi, uſant de l'aſcendant que donnent le génie & la vertu fur des eſprits foibles, vous les aidiez par vos conſeils à vaincre leur timidité. Que la volonté du Clergé de Paris ſoit connue de l'Aſſemblée Nationale, & l'Aſſemblée y déférera auſſi-tôt, & tout le Clergé de France ſera heureux. Je ne vois point d'Anglais inſtruit de votre Motion, qui ne vous admire. Cet Abbé, diſent-ils, a un grand caractère : ſa Nation lui devra beaucoup. Je ſens autant que perſonne combien vous êtes digne des éloges de ce Peuple généreux. Je vous dois, comme tout homme juſte, un tribut de louanges, & comme Eccléſiaſtique Français, un tribut de reconnoiſſance. Si votre Motion eſt accueillie, comme je dois l'eſpérer, il me ſera libre de rentrer dans ma patrie, & je regarderai comme mon premier devoir, d'aller vous préſenter mes hommages, & vous aſſurer de vive voix des ſentimens de reconnoiſſance & de reſpect avec leſquels j'ai l'honneur d'être,

MONSIEUR,

Votre très-humble & très obéiſſant
Serviteur,
G ***, Prêtre du D. de P.

DERNIER

DERNIER COUP DE CLOCHE

CONTRE

LE CÉLIBAT ECCLÈSIASTIQUE.

LE premier prodige qui fignale l'avénement de J. C. c'eft la fécondité d'Elifabeth, mère de Saint Jean, qui remercie Dieu de l'avoir délivrée de l'opprobre où elle étoit à caufe de fa ftérilité; ce font des nôces que J. C. daigne honorer du premier de fes miracles, lorfqu'il change l'eau en vin à Cana. Nulle faveur femblable n'eft accordée à la virginité; donc J. C. ne l'a point préférée au premier état de l'homme.

Mais bien loin que cette prétendue vertu ait été ordonnée, n'eft-elle pas profcrite formellement par ces paroles de Saint Mathieu : *que l'homme ne doit point féparer ce que Dieu a joint* ? l'homme & la femme ne devant former *qu'une même chair*, que prétendent les vains fophiftes du célibat !

Mais il eft des eunuques volontaires qui *fe font rendus tels pour le Royaume des Cieux*. Oui, mais *cette parole n'eft pas comprife de tous*, & vous voulez en faire une régle générale pour vos prêtres ? vous avez tort contre la nature & contre Dieu.

Je ne vois dans l'Evangile prefqu'aucun témoignage en faveur de la virginité; tout attefte au contraire la prédilection de J. C. pour le mariage,

F

ſes comparaiſons les plus familières ſont celles d'un époux , d'un père , d'un feſtin de nôces ; y aſſiſter eſt la récompenſe des vierges ſages ; en être exclu eſt la punition des vierges folles. Il conſole ſes Apôtres par l'image d'une mère qui à la vue d'un fils, oublie les douleurs de l'enfantement. Il maudit le figuier ſtérile.

Né d'une vierge, il couvre en quelque ſorte de l'ombre du mariage ſon origine divine ; la Sainte Vierge eſt mariée ſelon les rites de la Loi , & paſſe toujours pour l'épouſe de Joſeph.

Mais il n'a point été marié. .. Le fils de Dieu n'étoit point aſſujetti aux beſoins des hommes , dit Saint Clément d'Alexandrie.

Saint Paul paroît peu favorable au célibat ; mais on abuſe de ſes paſſages : *Ce ſont les afflictions préſentes* , ſelon lui , qui doivent faire embraſſer le célibat ; les premiers Chrétiens qui ne voyoient que des gibets, ne vouloient pas laiſſer des femmes & des enfans dans la peine. Ils ſe dégageoient donc de tout lien pour aller plus hardiment au martyre. Nous ne ſommes plus dans cette poſition.

D'ailleurs, dans ces premiers jours du Chriſtianiſme, on craignoit la fin prochaine du monde ; ce n'étoit pas la peine de ſe marier pour ſi peu de rems.

Mais , dit-on , l'Apôtre donne la préférence au célibat ſur le mariage ; point du tout : quand il dit qu'il vaut mieux *ſe marier que brûler* , il veut parler des ſecondes nôces , que certaines gens défendoint mal à propos.

Saint Paul lui-même étoit marié ; c'eſt le ſentiment de pluſieurs Pères de l'Egliſe , & d'Origène lui-même, qui penſe que Saint Paul a voulu parler de ſon épouſe , dans l'Epître aux Philippiens ; mais la traduction latine n'en sonne mot. Chap. 4, v. 3.

Il est bon de ne point toucher aux femmes. Voilà encore un de ces passages dont on abuse. Il est absurde dans sa généralité ; ce n'est donc pas là le sens de Saint Paul. Il veut dire qu'on peut s'abstenir de sa femme, quand le but du mariage est rempli : mais il n'a garde d'en faire une loi.

Quant au passage de l'Evêque *mari d'une seule femme*, voici qui déconcerta un peu les Docteurs du célibat. « L'Apôtre veut seulement, dit Théo-
» doret, (cette autorité en vaut bien une autre,)
» qu'on n'ordonne pour Evêques & pour Prêtres
» que ceux qui n'ont qu'une seule femme. Mais
» on ne peut blâmer celui qui étant séparé de sa
» femme, par la mort, *est forcé par son tempéra-*
» *ment* d'en épouser une seconde. »

Il ne faut point, dit Saint Clément d'Alexandrie, interdire le mariage, mais seulement prescrire la modération de ses plaisirs. Il ajoute quelques lignes plus bas : « que le Prêtre, le Diacre ou le Laïque,
» il n'importe, n'ayant qu'une seule femme, seront
» sauvés par la procréation de leurs enfans.

Le même Père déclare la guerre aux Carpocratiens, aux Marcionites & autres hérétiques célibataires, en leur opposant l'autorité de Saint Paul, qui veut qu'on prenne pour Evêque celui qui est marié, & qui a déjà appris à régler sa famille. Cela donneroit à entendre que le mariage étoit d'obligation pour l'Episcopat : & certes la prudence & le bon sens le vouloient ainsi.

La rivalité des sectes, la charlatanie du rigorisme, la mélancolie de certains tempéramens, des idées chimériques de perfection, voilà les véritables causes du célibat réduit en système.

Les Indiens, les Syriens, les Egyptiens, les Bonzes & les Faquirs y ont donné tête baiffée. Les en eftimons-nous davantage ?

Athénagore plaidant contre les Payens, dit que les pénitences effrayantes ne peuvent être que l'ouvrage des démons ; mais que le vrai Dieu ne nous porte jamais à ce qui contredit la nature. Le dogme du célibat feroit donc, felon ce Père, un refte de paganifme.

Saint Clément d'Alexandrie ne tient pas un autre langage. « Voyez, dit-il, la plupart des » Prêtres des Idoles : leurs cheveux font hériffés, » leurs habits fales & déchirés ; ils s'abftiennent » des bains, laiffent croître leurs ongles, quel-» ques-uns même attentent à leur virilité.

Les Religions rivales fe font fait honneur de ces macérations contraires au véritable efprit du Chriftianifme. Delà le vœu de chafteté. C'eft à qui en fera le plus pour l'emporter fur les autres. Les Platoniciens, bizarres contemplatifs, à force de méprifer le corps pour élever l'ame, furent des docteurs dangereux du célibat ; mais les philo-fophes s'en vont, & la nature refte.

Ce n'étoit pas là l'efprit des premiers Chrétiens. Il n'affectoient & n'exagéroient aucune vertu. M. Fleuri nous le fait bien dire, & il avoit du bon fens, ce M. Fleuri.

Pour multiplier le nombre des vierges, dit Ter-tullien, on les combla d'honneurs & de privilé-ges. Les aumônes les plus abondantes étoient pour elles feules : elles avoient le droit de paroître dans l'Eglife la tête découverte. Il n'en falloit pas da-vantage pour encourager l'état. Mais on fe donnoit le baiser de paix dans l'Eglise ; le femmes mariées le donnoient & le recevoient fous leur voile , & les vierges pratiquoient la même cérémonie à vifage découvert. Quelle occafion , difoit Tertullien , de prendre feu mutuellement ! Auffi les, fcandales devenoient fréquens : ils l'auroient été bien davantage fans des précautions criminelles qui font frémir la religion & la nature.

Cependant la doctrine de le virginité faifoit des progrès , & on tentoit d'un moment à l'autre d'y affujettir les Prêtres. Cela ne réuffiffoit point au gré des dévots. Saint Cyprien écrivant au Pape Corneille , fe plaint d'un Prêtre d'Afrique qui avoit fait avorter fa femme en lui donnant un coup de pied. Certainement il ne faudroit pas demander le mariage pour les Prêtres Français s'ils avoient de pareilles mœurs. Mais ce fait prouve que les Prêtres Africains , tout rigoriftes qu'ils étoient, avoient des femmes , & ce n'eft que fur la violence criminelle de celui-ci que Saint Cyprien fonde fes reproches.

On ne dira pas qu'il y eut une diftinction d'ordres pour le mariage , on le croyoit bon pour tout le monde , pour les Soudiacres , les diacres, les Prêtres & les Evêques.

On feroit une longue lifte de tous les Evêques ou Prêtres qui ont été mariés dans les quatre premiers fiècles. On eft devenu plus fin dans les fuivans : moins on a eu de mœurs , & plus on en a affecté les apparences : ainfi va le monde.

Les premiers hérétiques , grands célibataires de profeffion , & plus grand libertins en réalité , cherchèrent à fe diftinguer par un air de rigorifme dont ils favoient bien s'affranchir dans le fecret. Quelle

ſource impure du célibat ! Les honnêtes gens
échauffés par les reproches de ces hypocrites,
voulurent faire comme eux : petit à petit le célibat
devint une vertu, & l'on s'accoutuma à rougir
de la nature.

Il eſt vrai que les partiſans de ce ſyſtême trou-
vèrent quelques grands noms pour l'appuyer. St.
Ambroiſe prêchoit le célibat à outrance, & les
mères enfermoient leurs filles pour les empêcher
d'aller à ſes catéchiſmes, car il les exhortoit à ſe
conſacrer à Dieu malgré leur parens. Qui oſera
dire qu'il faiſoit bien ?

Saint Jérôme ne fut pas plus modéré ſur cet
article ; il en vouloit beaucoup aux veuves qui ſe
remarioient ; il eſt plus pardonnable, dit-il, de ſe
proſtituer à un homme qu'à pluſieurs. Certainement ce ſont là des expreſſions bien peu tolérables.

La virginité une fois érigée en vertu, on ſent
que ſon éloge dut entrer dans tous les ſermons. Le
célibat fut bientôt un ordre à part.

Le nombre des vierges augmentoit, & celui des
Eccléſiaſtiques célibataires en proportion. Un genre
de vie qui donne de la conſidération & du bien,
trouve toujours des ſectateurs & des ſectatrices.
Ce fut ce qui amena l'émulation du célibat. Cependant on vouloit vivre en ſociété : on habitoit
ſous le même toit, dans la même chambre, &
quelquefois dans le même lit, & il falloit bien
ſe garder de le trouver mauvais. Saint Chryſoſtôme
paya d'un exil rigoureux les efforts de ſon zèle
contre ces petits ménages. La reſſource étoit trop
commode pour s'en paſſer.

Les Moines furent les plus grands propagateurs
du célibat ; ils commencèrent en Egypte. Là on

voyoit les Moines & les Vierges par milliers. Les Couvens d'Espagne & de Portugal ne sont rien auprès. Ils payoient leur dette sociale avec des corbeilles d'osier. Mais point de vœux encore ; ils datent du cinquieme siècle.

Nous avons l'obligation du célibat légal au Pape Sirice, l'an 385. Quel dommage qu'un tel nom soit si peu célèbre ! il écrivoit ainsi à des Evêques d'Espagne & de France : « si dorénavant » quelque Evêque, Prêtre ou Diacre ne garde » pas le célibat, il ne doit plus espérer de pardon. » Beaucoup d'Evêques & de Prêtres se moquèrent de ses menaces. D'autres Papes à la file, suivirent l'exemple de Sirice. Ils avoient leurs raisons pour outrager la religion & la nature par de tels décrets.

Mais les usages de différens pays contrarioient fort les décrets. Ici le Soudiacre, là le Diacre, ailleurs le Prêtre & l'Evêque pouvoient se marier & garder leurs femmes. L'orient tenoit ferme contre les volontés injustes des despotes de l'occident. Nulle loi contre le mariage des Prêtres, pendant six Conciles généraux. Or, qu'est-ce qu'une vertu circonscrite dans un territoire ? si elle avoit été nécessaire au salut, ou utile au genre humain, falloit il qu'elle fut locale, & par cela seul qu'elle l'étoit, peut-on y voir autre chose qu'une tyrannie ?

Car enfin quels sont les argumens des Apôtres les plus intrépides du célibat ?

Saint Jérôme prétend qu'il faut demeurer Vierge, si l'on veut prier toujours, ou cesser de prier si l'on veut s'acquitter des obligations du mariage ; à ce compte, il n'y auroit point de salut pour les gens mariés.

F 4

Saint Ambroise fonde la néceffité de la continence dans un Evêque fur ce que l'Apôtre a dit qu'un Evêque doit avoir des enfans obéiffans ; mais fi on lui permet d'avoir des enfans, c'eft lui donner le droit d'en faire.

Ces pères infiftent encore beaucoup fur la pureté des Vierges, & les fouillures du mariage. Mais il n'y a d'impur que le vice ; l'ame ne fe fouille point en rempliffant un devoir, ni le corps en fatisfaifant un befoin.

J'ajouterai ces paroles de Tite de Boftres, l'un des pères les plus éclairés du troifieme fiecle, pour réfuter ceux qui allèguent la concupifcence. « Elle » eft un defir naturel qui a été imprimé dans les » corps, afin que les animaux fuffent portés à la » propagation de leur efpèce ; cet ordre a été » établi par la fageffe infinie du Créateur. Il n'y a » que l'excès de vicieux. »

Le décret du Pape Sirice eut beaucoup de contradicteurs. Les femmes des Prêtres qu'on vouloit forcer de vivre dans la continence, ne goûtoient guères cette doctrine. Trois fiècles de Conciles ne pûrent empêcher la nature d'avoir fes droits. Les Evêques avoient beau faire, le penchant triomphoit toujours ; mille vexations étoient employées contre les femmes & contre les enfans mêmes. Enfin pour dégoûter les Clercs du mariage, on alla jufqu'à le flétrir. Dans certains endroits, l'Eglife étoit interdite pour un mois aux nouveaux mariés. On faifoit enfuite quinze jours de pénitence avant de communier. Voilà-t-il pas de belles loix & de beaux ufages ? regrettons cet heureux tems !

L'Eglife Grecque fut plus raifonnable ; elle n'avoit point de puiffance prépondérante ; on s'y marioit, & l'on s'y marie encore. La même chofe fe voyoit en Angleterre avant le Moine Auguftin, & en Allemagne, avant le Moine Boniface. La diftance des lieux n'y faifoit rien. Les Papes n'avoient pas encore introduit l'ufage de ne vouloir que des troupes célibataires.

Les Moines étendirent par-tout cette pratique anti-fociale; ils travailloient pour les Papes. L'argent & les générations allèrent s'enfevelirent dans les Monaftères.

Grégoire VII, au onzieme fiècle, fut celui qui porta le plus loin fes prétentions. Il forma des liaifons fuivies entre les Evêques & Rome. Il mit tous les biens du Clergé dans la dépendance des Papes, & tous les Eccléfiaftiques auffi : Pour fe les affervir, il falloit les rendre indépendans de la puiffance temporelle. Le célibat étoit un moyen. On les ifoloit de tout intérêt de famille. Ce Pape tenoit des Conciles par-tout pour forcer les Eccléfiaftiques à quitter leurs femmes. Les plus vertueux, difent les Hiftoriens, étoient ceux qui crioient le plus fort contre lui; ils traitoient même d'héréfie fa doctrine qui lâchait la bride à l'impureté. Mais l'inflexible Pontife alloit fon train, & fans s'embarraffer de leurs clameurs, il forçoit les Prélats à exécuter fes ordres, & lançoit fes excommunications à droite & à gauche contre les Prêtres mariés. « Beau fervice qu'il rendoit à l'Eglife ! rien n'a » plus décrié l'Ordre eccléfiaftique, dit Polydore » Virgile que l'établiffement d'un célibat né- » ceffaire. » Il eft devenu pour les Prêtres une occafion continuelle de débauches ; Gerfon, le plus fameux Théologien de fon tems, difoit : « c'eft » fans doute un très-grand fcandale de voir entrer » un clerc chez fa concubine ; mais ce feroit bien

» pis de le laisser attenter à l'honneur des filles
» & des femmes de sa Paroisse. » Reste à savoir
s'il ne vaudroit pas mieux lui défendre la concubine, & lui permettre d'avoir une femme.

Saint Thomas entroit dans ce dernier sentiment, lorsqu'en supposant un Accolyte secrette-
ment marié, & devenu Prêtre ensuite, il le croyoit
moins coupable, s'il usoit de sa femme que s'il
s'adressoit à une concubine ; mais des scélérats de
casuistes ont écrit que le concubinage & même
l'adultère sont un moindre péché pour un Prêtre
que le mariage.

Ces loix injustes furent foulées aux pieds dans
une grande partie de l'Europe, à la révolution
occasionnée par un Moine. Le Concile de Trente
vouloit les abolir tout-à-fait à la sollicitation de
plusieurs Princes, nommément du Roi de France.
Mais l'infâme Philippe II, ce bourreau de ses
sujets, & ce fléau de l'Europe, intrigua pour
faire échouer le projet. Le Pape Pie IV, de son
côté, écrivoit à ses Légats, que si le mariage
des Prêtres passoit, il seroit réduit à n'être
qu'Evêque de Rome. C'est donc la politique &
non la raison qui ont perpétué cet abus étrange.
Faisons succéder la raison à la politique.

On parle de la décence de nos mœurs : en
valons-nous mieux ? la preuve du contraire, ce
sont les mêmes plaintes & les mêmes défiances
semées par tout. On défendit autrefois le mariage
aux Prêtres, pour leur concilier davantage, dit-on,
le respect des peuples : le plus sûr moyen de leur
rendre la confiance & l'estime qu'ils ont perdues,
seroit de le permettre aujourd'hui.

Depuis que ce remède a été admis dans les
Communions protestantes, on n'a plus entendu par-

ler de ces divifions fcandaleufes entre les peuples & ceux qui font chargés de les inftruire. Depuis deux cens ans, je ne crois pas qu'il exifte un feul ouvrage pour taxer d'incontinence le Clergé de ces pays-là ; au lieu que chez nous, c'eft le reproche le plus famillier, & la plaifanterie la plus commune.

Non feulement le mariage rendu aux Eccléfiaftiques gueriroit la corruption, mais encore, c'eft une obfervation conftante, que dans tous les Etats où ils fe marient, leurs mariages font plus féconds & mieux réglés que ceux des autres Citoyens. La modicité des fortunes en écarte les vices ; l'éducation y eft meilleure ; on s'y occupe davantage à gagner l'eftime & l'affection des peuples ; on eft bon mari, bon père, & excellent pafteur. Pourquoi donc cette obftination diabolique à repouffer un engagement dont il réfulte de fi grands biens ? O homme ! reconnois ta dignité, & abjure tes préjugés. Et toi, nature, religion, fociabilité, fait fentir tes impreffions à toutes les ames, afin que par un vœu commun, cette fervitude barbare & anti-chrétienne foit abolie à jamais.

***

LETTRE de l'Abbé BERNET DE BOISLORETTE, *Aumônier de la Garde Nationale Parifienne*, à M. RABAUD DE S. ETIENNE, *Miniftre Proteftant*, *Préfident de l'Affemblée Nationale.*

MONSIEUR LE PRÉSIDENT,

LA fageffe éternelle vous a parlé, vous l'avez crue ; elle vous a dit : Homme, choififfez une femme. Vous avez obéi, & vous avez très-bien fait. Vous avez pris une belle & digne

Épouse ; la pensée & le sentiment ont sanctionné un choix que
le bon goût demandoit. Ministre Protestant, vous êtes donc
sage, vous êtes donc heureux ! . . . Et nous Prêtres Catholiques, nous Romains isolés, où sommes-nous avec notre vœu ?
Nous sommes dans le délire & dans le malheur ; insensés &
coupables, nous prenons l'erreur pour de la raison, de la
dépravation pour des mœurs, du sacrilège pour de la religion ;
malheureux, nous sommes exclus du royaume de la nature,
nous sommes privés des charmes innocens de l'amitié conju-
gale. Roi de l'homme, tu sai te venger d'une telle offense !
Écoutons ici J. J. Rousseau, dont l'autorité ne souffre sur cet
article aucune réplique : « disons tout, &, s'il est nécessaire,
» sacrifions tout au véritable amour de la vertu ; l'homme n'est
» pas fait pour le célibat : il est bien difficile qu'un état si con-
» traire à la nature n'amène pas quelque désordre public ou
» caché : le moyen d'échapper toujours à l'ennemi qu'on porte
» sans cesse avec soi ! Voyez, en France sur-tout, ces témé-
» raires, ces malheureux qui font vœu de n'être pas hommes :
» pour les punir d'avoir tenté Dieu, Dieu les abandonne ; ils
» se disent saints, & ils sont déshonnêtes ! leur feinte conti-
» nence n'est que souillure, & pour avoir dédaigné l'humanité,
» ils s'abaissent au-dessous d'elle. Je comprends qu'il en coûte
» peu de se rendre difficile sur des loix qu'on n'observe qu'en
» apparence ; mais celui qui veut être sincérement vertueux, se
» sent assez chargé des devoirs de l'homme, sans s'en imposer
» de nouveaux. Il est des hommes continens sans mérite, d'au-
» tres le font par vertu, & je ne doute pas que quelques Prêtres
» catholiques ne soient dans ce dernier cas : mais imposer le
» célibat à un Corps aussi nombreux que le Clergé de l'Eglise
» Romaine, ce n'est pas tant lui défendre de n'avoir pas des
» femmes, que lui ordonner de se contenter de celles d'autrui :
» je suis surpris que dans tout pays où les bonnes mœurs sont
» encore en estime, les loix & les Magistrats tolèrent un vœu
» si scandaleux. »

Les vrais sages en sont tous très-surpris, ils en gémissent
très-amèrement. Quel vœu que celui du Clergé de France,
grand Dieu ! il faut toute votre miséricorde pour le lui pardonner. Vœu de continence, vœu insensé, sacrilège, scandaleux, anti-social, vœu barbare, vœu conséquemment nul,
absolument nul.

Vœu insensé. Qu'on le demande au bon sens ; le bon sens

dira qu'il réprouve tout ce que réprouve la sainte nature ; il dira que telles & telles facultés physiques & morales sont données à l'homme par le Créateur précisément pour la procréation de son semblable, & que celui qui s'y refuse par vœu, est un fou, un fou que l'on a abusé dans un séminaire, ou dans un cloître, & qui continue de s'aveugler.

Vœu sacrilège. Dès le commencement du monde, la religion a intimé à l'homme ce commandement du Créateur : *Crois & multiplie.* Notre croissance est faite ; pourquoi ne pas multiplier ? Dès l'origine du Christianisme, la religion nous a répété cet ordre céleste : Evêques, Prêtres, Diacres, soyez chastes, ayez une femme, n'en ayez qu'une. A-t-on bien obéi ? n'a-t-on pas méprisé cette ordonnance si imposante ? ne s'est-on pas élevé contre le ciel ? Sacrilège détestable ! Ah ! si J. C. revenoit parmi nous, lui qui aimoit tant l'humanité, quelle seroit sa surprise de nous voir & contre l'humanité & au-dessous de l'humanité ! Dans un tel désordre reconnoîtroit-il ses disciples ? Assurément non ; il diroit aux uns : « Votre perfection est une chimère, » elle est un crime ; vous ne connoissez pas encore la volonté » de votre maître : aux autres, votre libertinage est pour moi » une croix plus pesante que celle que j'ai portée ; à tous, je » ne vous connois pas ; vous m'êtes étrangers. Sacrilèges, vous » méritez que je vous chasse de mon temple, le fouet à la » main ; mais non, je suis doux, j'ai pitié de vous ; changez, » soyez de dignes époux, élevez de dignes enfans, ornez en » mon sanctuaire, alors je vous recevrai, je vous embrasserai » de bon cœur, vous & vos aimables enfans. » Voici une réflexion qui m'a toujours frappé : la religion chrétienne est la loi du véritable amour, puisqu'elle inspire celui de son auteur. Eh bien ! lequel est pénétré de cet amour céleste, ou un célibataire ecclésiastique, ou un bon père de famille ? Certainement c'est le père de famille, la raison en est bien simple ; ce brave homme chérit sa femme, il chérit ses enfans, il nourrit cet amour par les soins sublimes de la paternité. Cet amour dans lui est l'accomplissement de la volonté de Dieu, & l'accomplissement de cette volonté n'est-il pas le vrai, le franc amour de Dieu ? Oui, personne sur la terre n'aime Dieu aussi sincèrement, aussi constamment qu'un bon père. Aimez votre femme, aimez vos enfans, & je réponds de votre tendresse pour Dieu. Qui repose chastement sur le sein d'une digne épouse, passe aisément dans le sein de la divinité. Mais en général, qui sont ceux qui aiment moins Dieu, ou qui ne l'aiment pas du tout, & qui l'offenfent le plus ? Ce font les Prêtres ; le vœu qu'ils font eft un de ces fouffles peftilens qui defféche, qui détruit tout dans l'homme, l'homme ! le fanctuaire de la divinité. Jugez du facrilège, jugez-en, mais ne le fouffrez plus. refpectables Députés, expiez-le par un prompt Décret que notre bon Roi, l'ami des mœurs, s'empreffera de fanctionner. (1)

Vœu fcandaleux. Pour compter les fcandales qui en font le fruit, il faut du courage ; je ne l'ai pas, il vaut mieux les pardonner que de les calculer. Si je suis coupable, je me mets le premier à genoux, j'invoque le pardon ; mais tout en l'invoquant, je déclare fierement que ce mal n'a jamais approché de mon cœur ; je déclare encore bien ingénument que je defire beaucoup ce doux remède du mariage, ce préfervatif du fcandale, le grand moyen de ramener les mœurs ; oui, le mariage, fur-tout le mariage des Prêtres, ou point de mœurs, & fans mœurs, rien. L'Eccléfiaftique qui ofe dire le contraire, n'eft pas de bonne foi, c'eft un fourbe.

Vœu anti-focial. Que dit la voix de la fociété ? Citoyens, uniffez tout, efprits, cœurs, corps, fortunes, travaux, force, larmes, peines, ris, plaifirs, mariez tout dans l'ordre, voilà la vraie politique ; la contraire eft inconftitutionnelle, elle eft indigne du caractère communicatif des François ; c'eft celle du vœu eccléfiaftique.

Noffeigneurs ! l'ariftocratie ofe dire que vous en voulez à la France, parce que, dit-elle, vous tuez le Clergé. Vous tuez le Clergé !... au contraire, vous allez le vivifier d'une bonne manière par la poftérité la plus intéreffante..

Vœu barbare. Il contrifte les inclinations les plus vertueufes, il flétrit les cœurs heureufement nés. Voyez un Prêtre qui a le bonheur d'être doué d'un beau moral & d'un phyfique bien conftitué ; qu'il en trouve autant dans une perfonne de l'autre fexe, qu'il y réfléchiffe, qu'il contemple, le voilà pris, peut-il s'en défendre ? Son imagination, fa penfée, fon cœur, les penchans, les befoins fexuels, tout le captive, tout lui dit, en

---

(1) Mais à quelle puiffance l'augufte Affemblée nous enverra-t-elle pour nous faire relever de notre vœu ? à quelle puiffance ! eft-ce que l'homme ne peut pas dire à fon femblable : fois homme comme moi, marie-toi. Il faudroit donc aller à Rome. Mais avec le Paris d'aujourd'hui ne pourroit-on pas fe paffer de Rome ? Dans cette fainte Cour on ne finit rien, les affaires y vont fi lentement, fi lentement.... & notre mariage eft fi preffé !... & moi, en particulier, comme l'un des Aumôniers de l'Année Parifienne, je fuis fi preffé, fi preffé de lui donner un bon foldat :

lui montrant cette fage beauté, voilà la chair de ta chair, voilà les os de tes os. Cette voix toute-puiffante forme dans lui un torrent, peu a peu ce torrent s'augmente; il eft prêt à éclater; le vœu a beau crier, arrête, arrête; la digue eft renverfée, & les eaux font grand ravage! Que n'ouvroit-on cette digue tout doucement, il auroit paru au milieu de nous un fleuve majef-tueux, bienfaifant, qui auroit ramené l'ordre avec la fécondité : mais non, ainfi l'a décidé la barbarie : non, jeune lévite; Prêtre vertueux, tu ne jouiras pas de ce que t'offre la fageffe; penfe, médite, contemple, aime, imagine, mais tais toi; aime, mais contiens-toi; refte enfeveli dans le tombeau où je t'ai précipité, après t'avoir endormi; l'amour honnête t'appelle, mais refpecte ma chaîne; fi tu ofe la fecouer, tu es un facri-lège; malheureux, meurs, ou languis.... Décideroit-on ainfi chez les peuples les plus féroces ? Non, cet arrêt n'appartient qu'au bigotifme, au defpotifme facerdotal; que dis je, n'eft-ce pas le libertinage qui l'a porté?

Heureufement pour nous, nous n'avons dans l'Affemblée Nationale ni bigots, ni defpotes, ni diffolus; nous aimons à le croire; ce font de fages, de vrais philofophes; ils font nos amis, nos vengeurs : ils nous ont déclarés citoyens, ils vont maintenant proclamer nos noces; les auguftes Députés ne font pas faits pour s'arrêter en fi beau chemin.

Déja j'entends fortir de la bouche du vrai fage qui préfide, cette vérité éternelle : *Vel duo, vel nemo*, ou deux époux, ou perfonne, deux époux exclufivement, ou perfonne, exclufive-ment deux, ou la fociété, & la nature en pleurs. Oui, deux dignes époux, ou rien dans la fociété, rien dans la nature !... la nature elle-même en diffolution... Auguftes repréfentans cette vérité vivement fentie m'a fait verfer des larmes, voyez ma chaîne, elle eft encore toute mouillée; j'en verferai encore, fi vous ne déclarez dans cette légiflature ce qui eft éternelle-ment vrai. Qui vous arrêteroit? Le préjugé? Vous en avez déja tant abattus, pourquoi ne pas détruire celui ci? La multiplicité de nos fonctions? Nous ferons quelques proceffions de moins; d'ailleurs un Prêtre vraiment religieux fait calculer fon tems, il en trouve toujours affez pour rendre dignement à l'Etre fuprême le culte qui lui eft dû. Seroit-ce la faintété de ces fonctions ? Eh ! rien n'eft fi facré, fi fublime que le mariage, rien n'eft fi fublime que les foins des familles. Seroit-ce la pauvreté ou fes fuites ? La redoute qui voudra, je ne la crains pas. Si mon bénéfice eſt inſuffiſant, j'ai des bras, ils ſont nerveux, je travaillerai, ma femme travaillera, mes enfans apprendront à travailler, & nous vivrons laborieux & honorables, nous vivrons vertueux ; ſortant du travail, nous n'en retournerons au ſanctuaire qu'avec plus d'ardeur, avec plus de plaiſir.

Noſſeigneurs, nos vrais amis, je n'aurois que du pain & de l'eau, je ſerai heureux, ſi vous déclarez que je peux avoir une femme : mon cœur l'a choiſie. Pourquoi arrêter ma main? ſa ſageſſe me la demande, je ne puis la lui refuſer. Comme je ne ſuis pas un Ange, je cède ſagement au vœu de la bonne nature, *vel duo*, *vel nemo* ; je ne vous demande que ce qu'exige la ſageſſe. je vous la demande donc avec honneur, *vel duo*, *vel nemo*. Sorbonne, prends tes fourrures, aſſemble-toi, & prononce, cenſure, ſi tu veux, excommunie, anathématiſe, je ne crains point ta foudre. *Vel duo*, *vel nemo*, voilà la ſeule thèſe que je te préſente, elle eſt ſacrée, elle eſt ſublime ! ſi tu oſes la déchirer, le Roi de la nature te condamne, & il m'approuve ; avec ſon approbation, je me paſſerai de la tienne.

Miniſtre vraiment reſpectable, les Prêtres catholiques qui aiment ſincèrement l'ordre, réclament votre interceſſion, ils vous demandent des noces ; vous parlez avec tant de ſageſſe, tant d'intérét, parlez donc pour nous, & l'auguſte Aſſemblée vous exaucera.

J'ei l'honneur d'être avec la vénération que vous méritez, & avec la douce confiance que vous immortaliſerez votre préſidence en décidant vos chers co-Députés au Decret honorable de notre mariage,

Votre très-humble & très-obéiſſant ſerviteur,

L'Abbé BERNET DE BOISLORETTE,
Aumônier de la Garde Nationale Pariſienne.